MELISSA CYNOVA

INSTALLE-TOI,
ALLUME UNE BOUGIE
ET...

PARLONS MAGIE !

ÉDITIONS ALLIANCE MAGIQUE
10, RUE DE VIDAILHAN
31130 BALMA, FRANCE

www.alliance-magique.com

Retrouvez-nous sur les réseaux sociaux
Facebook @Alliance.Magique
Twitter @AllianceMagique
Instagram @alliancemagique

Crédits :
Sous la direction d'Arnaud Thuly
Coordination éditoriale : Océane Richard
Couverture : Alexis Baldassari
Images couverture : © Stéphanie Gras (illustration) et © iStock / ilbusca (chaudron) / Omelchenko Andrii (fond)
Création graphique et mise en page : Julie Bonsignori
Correction : Oriale Faulhaber
Traduction : Alice Lebeurier

ISBN : 978-2-36736-122-2
Dépôt légal : 4e trimestre 2021
Imprimé en France par Présence Graphique - Monts.

CRITIQUES DE PARLONS MAGIE !

« Melissa Cynova déconstruit la magie d'une façon accessible, faisable et qui est source d'inspiration. Dès que vous vous plongerez dans cette lecture, vous aurez l'envie et les moyens de vivre une vie réellement magique. Achetez ce livre, lisez-le de la première à la dernière page, annotez-le, écornez-le, renversez un peu de thé ou de café dessus, et laissez les enseignements de Melissa changer votre vie pour le meilleur. »

— Mme Pamita, autrice de *The Book of Candle Magic*

« Faites-vous une tasse de thé, asseyez-vous et écoutez Melissa Cynova vous exposer son approche inédite et moderne de la magie dans son dernier livre, *Parlons Magie !* À l'aide d'ingrédients ordinaires que vous avez chez vous, vous apprendrez à lancer un sort d'amour, de prospérité, de santé, et bien d'autres choses encore. Ici, pas d'instructions compliquées ni d'objets ésotériques. *Exit* les yeux de triton ! Rien que de la magie simple et du quotidien, à la portée de tous. Melissa fournit une tonne d'informations (et des sortilèges qui fonctionnent bel et bien) avec en prime une dose de son humour inimitable. »

— Theresa Reed, autrice de *The Tarot Coloring Book* et d'*Astrology for Real Life*

« Bon retour parmi nous. Dans *Parlons Magie !*, Melissa Cynova nous rappelle la magie qui est au fond de nous tous. Souvenez-vous de ces vibrations, de comment puiser dedans, et commencez à vous réapproprier votre magie intérieure dès maintenant. Une fois de plus, Melissa a écrit un merveilleux guide rempli de leçons et d'anecdotes. »

— Jaymi Elford, autrice de *Tarot Inspired Life*

« J'ai adoré *Parlons Magie !* D'un ton évoquant une conversation amicale autour d'un thé, Melissa élimine les stigmates et les potentiels secrets quant à la façon dont la magie peut jouer un rôle actif dans votre vie. Quand on démarre une pratique magique, on est souvent confronté à de nombreuses règles et étapes de validation, ce qui, en toute franchise, peut s'avérer un peu étouffant. Tout au long de ce livre, Melissa demeure terre-à-terre et pragmatique ; elle vous encourage et vous assure que votre pratique est tout aussi unique que vous-même. »

— Jamie Sawyer, tatoueuse chez *SacredSpaceTattoo.com*

À PROPOS DE L'AUTRICE

Melissa Cynova (pronom d'usage : « elle ») fait de la magie et des lectures de tarot depuis l'enfance. Son premier livre, *Kitchen Table Tarot*, a gagné le « Independent Publishing Award » (Prix des livres publiés par des éditeurs indépendants) dans la catégorie « premier livre » et a été récompensé aux COVR Visionary Awards. Son deuxième ouvrage, *Tarot Elements: Five Readings to Reset Your Life*, a été publié en 2019. Son livre *Navigating the Scorpio Sea*, écrit avec Maggie Stiefvater et qui constitue la suite de leur ouvrage *Scorpio Sea Tarot*, est paru à l'automne 2020.

Melissa vit à Saint-Louis avec son mari, Joe, ses charmants ados, deux chiens, quatre chats noirs, et une tortue nommée Phil. Elle adore les puzzles de plus de 1 000 pièces, les films de super-héros, et se détendre avec ses amis.

REMERCIEMENTS

À Maggie, qui m'a montré comment écrire une histoire sur papier plutôt que dans ma tête.

Ce livre est dédié à mon ancêtre, Krystyna Ceynowa, qui fut la dernière femme à être tuée lors des chasses aux sorcières en Pologne. J'espère qu'elle est fière de moi. Par défiance et par amour, je te rends hommage.

À chaque malheur, sous le soleil,
Il y a un remède, ou il n'y en a pas.
S'il y en a un, il faut le chercher ;
S'il n'y en a pas, à quoi bon se lamenter ?

— La Mère l'Oie[1]

1 Avec son chapeau pointu et son familier à l'apparence d'oie, la Mère l'Oie (qui, en plus, volait à bord de son chaudron) était forcément une sorcière !

Table des matières

Introduction

La magie n'a rien qui la rende hors de votre portée. Vous ne pouvez pas être trop pauvre, trop jeune, trop noir ou trop *queer* pour en faire. Personne n'est non-qualifié. Vous ne pouvez pas être issu de la mauvaise tradition spirituelle. Si vous n'appartenez à aucune tradition spirituelle, cela ne pose pas de problème non plus. On ne peut pas vous écarter de la magie, car elle vit en vous.

Vous le saviez quand vous étiez enfant et que vous faisiez des potions à partir d'eau de pluie et de champignons sauvages. Vous le sentiez quand vous lisiez *Matilda* et *Harry Potter* et que vous vous rendiez compte que, parfois, si l'idée était assez claire et l'intention suffisamment forte, vous pouviez, vous aussi, faire survenir certaines choses. C'est très facile de balayer ces pensées à force de rationalisations. J'étais attirée par tous les livres de magie que je pouvais trouver, depuis le cycle des *Hérauts de Valdemar* de Mercedes Lackey jusqu'à Bobby-la-Science, ce garçon un peu magique qui avait sa baguette pour toute logique, en passant par Meg et Charles Wallace dans *Une terre à la dérive* et par les trois sorcières de Shakespeare ainsi que sa Titania. Je les cherchais parce que je croyais en eux. Je croyais en ce qu'ils pouvaient faire, et je croyais que, moi aussi, je pouvais créer des choses fabuleuses.

J'ai discuté avec mon amie Karen Rontowski avant qu'elle n'enregistre son podcast, *Paranormal Karen.* Elle a déclaré d'un ton désinvolte : « J'adorerais apprendre la magie, mais je n'ai pas le temps d'aller à des cours et de réviser. Ça me semble bien trop solennel. » J'ai failli en avaler mon chewing-gum.

Bien que je connaisse des personnes ayant étudié la haute magie ou la magie cérémonielle, la plupart des sorcières et des praticiens de mon entourage sont plutôt des adeptes de l'improvisation.

Ce que je veux dire par là, c'est que j'ai commencé à pratiquer la magie presque par accident, et je ne l'ai jamais apprise de manière cérémonielle. La plupart des femmes de mon entourage pratiquaient tout le temps de petites magies chez elles. Imprimer la forme de sa main dans la terre où l'on plante une graine et réciter une prière pour qu'elle pousse, par exemple. Elles n'appelleraient jamais ça de la « magie », mais c'en est, pourtant. Bénir une plante, retirer l'énergie négative, observer les feuilles afin de voir si elles se sont retournées pour annoncer la pluie... Voilà la magie que nous connaissons tous, celle qui fait partie de notre patrimoine. C'est un mélange de magie populaire et de néopaganisme qui ne s'adresse à aucune foi en particulier. La foi, c'est vous.

J'ai pratiqué la magie avant de savoir ce que c'était vraiment. Quand j'étais enfant, mon livre préféré, *The Girl with the Silver Eyes*, parlait d'une fille nommée Katie qui était spéciale et qui devait comprendre comment utiliser ses pouvoirs. J'avais l'impression d'avoir beucoup en commun avec elle. Je savais que je possédais quelque chose de merveilleux au fond de moi, mais je n'arrivais pas à déterminer de quoi il s'agissait.

C'est en rencontrant d'autres sorcières et en découvrant certains livres que j'ai compris ce que j'étais : une sorcière. Enfin, j'avais un mot pour décrire ce que je faisais : de la magie. Il y a eu des périodes où j'ai oublié que j'étais une sorcière, où l'univers ou les circonstances m'ont mise K.-O., mais je suis toujours revenue à ce contrôle sur le monde qui m'entoure, à ce contrôle de mes intentions et de moi-même. Voilà mon don. Voilà ce qu'enfant, j'essayais de comprendre. Cela fait plus de vingt ans que j'ai enfin pu lui donner un nom, et au fil des années, sa force s'amplifie.

Dans ce livre, j'emploierai les termes « *sorcière* » et « *magie* ». La magie est l'énergie dont vous disposez pour contrôler votre vie. Une sorcière, à mes yeux, est une personne qui possède la magie et qui l'utilise. Cela ne s'appuie nullement sur le genre ou sur des études de magie. On peut être sorcière et exercer la magie, peu importe sa foi, ses croyances ou sa religion. La sorcellerie et la magie sont intrinsèques. L'intuition et l'énergie psychique sont la même chose, elles viennent seulement de directions différentes. L'intuition vient de l'intérieur et l'énergie psychique, de l'extérieur. Par conséquent, la spiritualité et la religion ne sont pas nécessaires. Elles sont les bienvenues si tel est votre souhait, mais absolument pas indispensables. Votre magie peut venir s'ajouter à votre tradition spirituelle, ou bien vous pouvez dissocier les deux. À vous de voir.

Je crois que le nom et le pouvoir ont été rabaissés et moqués. Se réapproprier ce pouvoir est une façon merveilleuse de se tenir plus droit, d'être davantage autonome et de rendre hommage aux ancêtres que nous avons perdus. Si vous voulez apprendre la magie avec aisance et un peu d'impudence, voici le livre qu'il vous faut. C'est une combinaison d'intentions et de votre environnement. C'est une découverte des vieilles méthodes et de la manière de se les approprier. C'est un kit de magie pour débutants.

Pour commencer, faisons ensemble un petit sortilège. Vous n'avez besoin que d'une feuille et d'un stylo. Pensez à quelque chose que vous désirez : un nouveau livre, de l'argent, de l'aide pour vous débarrasser d'une mauvaise habitude, etc. Disons que votre souhait, c'est que votre nouveau patron vous écoute lors des réunions. Fastoche. Nous allons rédiger ce qu'on appelle une « pétition », de la manière la plus simple possible : sur un Post-it©.

Formulez : « Je suis un membre important de cette équipe. Écoutez-moi. » Écrivez ces mots encore et encore, jusqu'à ce que vous n'ayez plus de place sur le papier. Pliez-le en trois dans un sens, puis en trois dans l'autre sens, et cachez-le dans un recoin de votre maison.

La prochaine fois que vous êtes en réunion, souvenez-vous de ce Post-it© et rappelez-vous que vous avez décidé d'être entendu. Observez ce qui se passe.

Ce sortilège est exactement ce dont je parle. Vous vous trouvez dans une situation dans laquelle on vous a ôté votre pouvoir (ou dans laquelle vous n'avez jamais eu de pouvoir tout court). Vous décidez d'y remédier, et c'est ce que vous faites en projetant votre volonté dans l'univers. Il y a du pouvoir en cela.

La citation suivante, tirée du roman *Le Mystère du lac* de Robert McCammon, est essentiellement la thèse principale de ce livre : « Nous commençons tous par connaître la magie. Nous naissons avec en nous des tourbillons, des feux de forêt et des comètes. Nous naissons capables de chanter aux oiseaux, de lire les nuages et de voir notre destinée dans les grains de sable. »[2]

Rappelez-vous à quel point la magie vous était accessible, quand vous étiez petit. Je me rappelle avoir mélangé de l'eau de pluie, des plantes et des graines et avoir appelé ces mélanges des « potions ». J'y mettais des pissenlits jaune vif pour obtenir du bonheur, et des glands réduits en poudre si je me sentais dévalorisée. Je réalisais la potion de manière à ce qu'elle correspondît à mes besoins et je choisissais les ingrédients dont j'avais envie. Je les mélangeais tout en prononçant des mots adaptés à mon ressenti. Dans ce rayon de soleil confus qu'est mon enfance, honnêtement, je ne saurais dire si ces potions fonctionnaient, mais ce dont je me souviens, c'est que je me sentais mieux après les avoir faites. J'avais l'impression d'avoir un certain contrôle sur ma vie. Les jeunes enfants sont baladés un peu partout en fonction des plannings et des besoins des grands. Je me rappelle clairement que la création de sorts était pour moi un phare qui me permettait de contrôler les choses.

D'un doigt, je dessinais des cercles tout autour de moi et je me déclarais en sécurité ; ce faisant, je me sentais réellement protégée. La puberté est arrivée, accompagnée d'une forte impression de ne pas être à ma place, et cette sensation m'a coupé le souffle.

2 McCammon (Robert), *Le Mystère du lac*, trad. Stéphane Carn, Albin Michel, Paris, 1993. (Citation traduite par Clélia E. Rubière.)

Mes magies sont devenues de plus en plus discrètes, avant de disparaître totalement. Je n'étais désormais plus sûre de pouvoir atteindre le bonheur grâce à mes pensées.

McCammon continue à partager les mots que j'ai cherchés tout au long de ma vie. Il écrit : « Mais ensuite, on éradique la magie de notre âme à force d'éducation, à force de messes, de fessées ; on l'élimine par de grands nettoyages et à coups de peigne. On nous met sur le droit chemin et on nous enjoint à être responsables. De ne pas nous comporter comme des gamins. De grandir un peu, bon sang. Et vous savez pourquoi on nous disait tout ça ? Parce que ces gens-là avaient peur de notre nature sauvage et de notre jeunesse, et parce que la magie que nous connaissions leur donnait honte d'eux-mêmes et les rendait tristes d'avoir laissé cela flétrir en eux. »[3]

Par chance, j'ai fini par sortir de cette période d'apathie. On passe par cette phase de développement, voire de tragédies, et en arrivant de l'autre côté, on ne se reconnaît pas vraiment. Je n'étais plus la fille qui allait à l'école catholique et qui croyait ce qu'on lui racontait. Je n'étais plus l'enfant qui transformait des histoires fantastiques en lieux magiques où elle se sentait en sécurité. Je n'étais plus la fille qui parvenait à traverser des situations difficiles en serrant les dents. J'étais une femme, j'étais perdue et j'avais besoin de trouver un sens à la vie. J'ai cherché ce sens dans l'alcool et chez les autres, en débranchant mon cerveau et en passant des heures à jouer aux jeux vidéo. Cependant, rien de tout cela ne rem-

3 *Ibid.*, p. 16.

plissait correctement mes journées. Rien ne pouvait rivaliser avec le fait de me découvrir une confiance en moi, avec cette idée obsédante qui me soufflait que je pourrais être aux commandes de ma propre vie. Je le soupçonnais. Je pensais que quelque chose n'allait pas et que j'étais plus forte qu'il n'y paraissait, mais il m'a fallu un moment pour comprendre ce qui devait être corrigé.

C'était la magie. J'avais besoin de reconnaître ma magie et de l'employer.

Avant que vous ne croyiez que depuis cet instant, je suis toujours en mode Wonder Woman qui déchire, je précise qu'il m'arrive fréquemment d'oublier que je peux avoir recours à la magie, et par moments, je patauge bêtement en me plaignant que tout va de travers dans ma vie. Ça se produit de moins en moins souvent, mais quand même. Parfois, il est plus simple de s'autoriser à être impuissant et de se transformer en moldu pendant quelque temps. Ce n'est pas grave. Tôt ou tard, votre magie va à nouveau vous éveiller aux possibilités d'une vie dont vous serez maître.

Dans l'ensemble, j'ai récupéré le pouvoir que je possédais à ma naissance et j'ai commencé à œuvrer pour améliorer ma vie. J'ai trouvé ma voie et ma passion. J'ai rencontré des personnes orientées sorcellerie qui sont sur la même longueur d'onde que moi, et j'ai échangé avec elles des idées et des sorts. Je me suis mise à porter un pentacle quotidiennement, même si je ne l'affiche ouvertement, hors de mon T-shirt, que depuis peu. Après tout, j'habite dans le Midwest américain. Un voyant m'a annoncé un jour que dans cette vie, j'allais rassembler les sorciers rencontrées dans des vies antérieures. Alors, venez, frères et sœurs. Réunissez-vous et découvrez la force dont vous pouvez faire preuve.

Ce livre va vous aider à vous lancer dans votre parcours magique. Vous apprendrez à vous écouter, à utiliser les ressources à votre disposition et à concentrer votre énergie. Vous apprendrez à suivre la lune et votre intuition. Vous verrez comment effectuer de la magie de manière très efficace et comment faire pour que vos ressources jouent en votre faveur. Nous parlerons de la psychologie de la magie, des traditions et des remaniements de ces traditions, ainsi que des façons d'honorer les ancêtres et les guides. C'est quelque chose qui vous revient de droit, d'où que vous soyez. C'est un réapprentissage d'un cadeau qui vous a déjà été fait.

Je vous ai gardé une place à ma table de cuisine. Prenez une tasse de thé et mettez-vous à l'aise. On va rester là un moment.

Bises,

Melissa

Partie 1

LES BASES

n°1

Qu'est-ce que LA MAGIE ?

La magie est la zone entre ce que nous connaissons et ce que nous ignorons. Pensez au progrès de la science, ces derniers siècles. Avant, on croyait que le tonnerre et les éclairs étaient la manière des dieux d'exprimer leurs émotions. On était persuadé que tout ce que l'on ne comprenait pas était de la magie. Au fur et à mesure que la science a gagné du terrain, la magie a reculé, mais elle est toujours là. Parfois, je fais des rêves qui se réalisent. Comment l'expliquer ? Il y a eu des recherches sur le cortex préfrontal, et il a peut-être un lien avec les rêves et la précognition. Mais ce n'est qu'une supposition.

Cela fait plus de trente ans que je fais des lectures de tarot, et j'ai effectué pour de parfaits inconnus des lectures d'une exactitude stupéfiante. J'ai été capable de voir à quel moment ils iraient mieux, quand ils obtiendraient un emploi, comment se déroulerait leur mariage. Comment, me demanderez-vous ? Je n'en sais rien. Les seules preuves que je possède sont anecdotiques.

Lors de certaines de mes lectures, il m'est arrivé de commencer par regarder les cartes et de déclarer : « Bon, si vous n'êtes pas heureux en ménage, vous allez devoir prendre certaines décisions », entraînant des pleurs chez la personne en face, qui me demandait comment je savais ça et me disait que je lui fichais la frousse. Je n'ai pas de réponse à cette question : je ne sais pas comment je fais. Je sais seulement que ça fonctionne, et que plus j'ai confiance en mes lectures, plus elles sont fiables.

Il en va de même pour la magie.

Un jour, mon amie Jane m'a appelée en larmes. Polyamoureuse, elle sortait avec plusieurs personnes. Une nouvelle rencontre, avec qui elle discutait, lui a dit que l'un des ex de Jane, lui avait raconté des choses horribles à son sujet, et que pour cette raison, elle ne voulait pas commencer de relation avec elle. Ces rumeurs étaient fausses, cruelles, et leur énergie collait à la peau. Jane a essayé d'avoir une conversation avec son ex ; en vain. Elle a tenté d'expliquer à cette nouvelle connaissance que ce n'était pas vrai, mais elle ne l'a pas écoutée.

Jane était épuisée. Elle m'a confié qu'elle avait l'impression d'être couverte d'un goudron impossible à retirer. J'ai invité deux autres amies, une sorcière et une maîtresse de *reiki*, à venir chez moi. Dès que Jane est arrivée, nous avons ressenti ce qui se passait niveau énergie. On aurait effectivement dit qu'elle était couverte de goudron. Ses mouvements étaient lents, elle était profondément triste et nous le ressentions. Je l'aime, et pourtant, je n'avais aucune envie de la prendre dans mes bras.

Je lui avais demandé de prendre une douche avant de venir, donc elle était propre. Nous avons commencé par allumer des bougies en cercle tout autour de nous. Je me suis servie d'un bâtonnet de cèdre et de sauge pour purger l'énergie au sein du cercle ainsi que celle des deux amies venues nous prêter main-forte, en faisant bien attention à nettoyer nos mains, puisque c'étaient là les outils que nous allions employer pour éliminer les saletés énergétiques qui collaient à Jane. Nous avons commencé par sa tête et ôté des choses qui, nous le sentions, se cramponnaient à elle. Nous avons envoyé toute cette crasse dans les bougies afin de la brûler. Après sa tête, nous avons continué jusqu'à ses pieds. Son cœur était la partie la plus difficile à purifier. À un moment, la maîtresse de *reiki* a posé sa main sur la poitrine de Jane et nous avons toutes pleuré un bon coup. Après avoir nettoyé son énergie, nous l'avons enveloppée dans une couverture, lui avons proposé à manger et dit à quel point nous l'aimions. Ensuite, elle a dormi à poings fermés. Le lendemain, elle nous a expliqué qu'elle avait l'impression qu'on lui avait retiré un poids et que tous les liens qui la reliaient aux personnes toxiques s'étaient brisés.

C'était de la magie.

Le chanteur de blues Robert Johnson était un guitariste virtuose. On disait de lui qu'il avait peu de talent, puisque après avoir disparu pendant un moment, il était revenu en jouant des chansons extraordinaires. Pour cette raison, on prétendait (et peut-être était-ce vrai) qu'il avait vendu son âme au diable à un carrefour dans le Mississippi.

Mon mari et moi avions prévu un voyage à La Nouvelle-Orléans, ce qui nous ferait passer par le Mississippi et tout près de deux lieux réputés être le fameux croisement où M. Johnson avait conclu un pacte avec le démon. Il fallait forcément qu'on y aille, n'est-ce pas ? Nous avons fait en sorte d'arriver pour minuit, parce que nous étions soit très courageux, soit très stupides.

Nous sommes parvenus au croisement « officiel »; il y avait une enseigne lumineuse et zéro énergie.

Nada. On se serait crus à une station-service. Nous avons continué vers le croisement officieux, et la situation est vite devenue très intéressante. J'avais l'impression d'être complètement exposée à l'énergie et épiée ; pas comme quand on est dans un restaurant et qu'un autre client essaie de se rappeler qui on est, mais observée comme si quelqu'un nous avait vus, remarqués, et avait de mauvaises intentions nous concernant. Carrément louche. Nous sommes sortis de voiture pour que Joe puisse prendre quelques photos, et la sensation s'est amplifiée. On aurait dit non seulement qu'on nous regardait, mais aussi que nous étions à un endroit où nous n'aurions pas dû nous trouver. Dans ma tête, j'entendais un son très léger qui, alors que nous demeurions là, s'intensifiait : « Partez, partez, PARTEZ. » Alors nous avons pris la poudre d'escampette. Nous sommes remontés en voiture et nous étions tous les deux un peu flippés. Joe n'entendait rien du tout, lui, mais quand nous sommes passés au-dessus d'un ruisseau, il a frissonné. Il m'a dit : « Il y avait quelque chose d'accroché à moi, chérie. Je l'ai senti. Ça me collait au creux des reins. J'ai eu l'impression qu'on me tirait, comme un fil qu'on arrache à un pull. Quand on a traversé le ruisseau, le fil s'est rompu. »

Joe ignorait que l'eau vive arrête tout net la magie. Il ne savait pas que des choses peuvent s'agripper à une personne dont l'énergie est trop ouverte. Il n'avait pas conscience que les carrefours sont des lieux magiques extrêmement puissants ; c'est là que l'on conclut des marchés avec « l'autre côté ». Ce qu'il savait, en revanche, c'est que quelque chose l'avait touché, s'était cramponné à lui, et avait fini par le lâcher.

Ça aussi, c'est de la magie.

Après une année particulièrement terrible pendant laquelle j'avais l'impression que tout allait de travers et durant laquelle des personnes que j'aimais sont mortes les unes après les autres, j'avais le moral dans les chaussettes. Une de nos traditions pour le Nouvel An est de réaliser un tableau de visualisation et de brûler celui de l'année écoulée. J'avais décidé de laisser tout ce chagrin et ces angoisses derrière moi et de jeter mon vieux tableau de visualisation dans notre brasero. Je l'ai regardé se consumer et j'ai imaginé la douleur en train de diminuer. J'ai visualisé tous les malheurs et les peines s'effacer. Je me suis vue comme un phénix renaissant de ses cendres avec une motivation accrue.

Ce faisant, j'ai senti un poids quitter mes épaules. Je ne pense pas que cette expression soit simplement une façon de parler : j'ai littéralement senti un poids s'en aller. Une fois le tableau carbonisé, j'ai eu l'impression d'avoir perdu vingt kilos et je me suis sentie heureuse pour la première fois depuis des mois. C'était uniquement dû à ma méditation au coin du feu et à ma décision de laisser le passé derrière moi. La nouvelle année a en effet été meilleure, et je n'ai pas été ralentie par les fantômes de cette année négative. Grâce à cela, le futur m'a semblé plus lumineux, et c'est pourquoi j'ai pu l'affronter sans me défiler.

Ça aussi, c'est de la magie.

Il y a plusieurs éléments à aborder en ce qui concerne les différents types de magie qui existent. Nous allons parler de magie populaire, de magie américaine et de communautés magiques. Je voulais leur consacrer un peu de place pour diverses raisons. Je considère que la magie populaire est beaucoup trop sous-estimée et peu remarquée, et ce, pour plusieurs causes que nous devrions explorer.

Dans la section sur la magie américaine, je parlerai de la difficulté à différencier la magie appalachienne de la magie des Ozarks ou encore de la magie hoodoo. Notre petit pays a ses problèmes, c'est sûr, mais nous avons plus de choses en commun que de différences. Nos passés, aussi divers soient-ils, se sont entremêlés à un moment ou à un autre. Nous avons glané des traditions culturelles et magiques chez les uns et chez les autres et échangé des méthodes qui fonctionnent. À l'origine, ce livre était censé fournir une analyse culturelle de la magie. Magie d'origine irlandaise, polonaise, antillaise, africaine, gullah – je comptais partager des sortilèges et des idées provenant des quatre coins de notre beau pays. Le problème, c'est qu'en fait, c'était impossible. Il y a quelques variations régionales çà et là, mais dans l'ensemble, la magie reste de la magie. C'était à la fois frustrant et réjouissant d'en prendre conscience, et j'adhère à l'idée qu'il y a davantage de choses qui nous lient que de choses qui nous séparent.

Cela dit, il n'y a rien de mal à rechercher une communauté magique dans laquelle vous vous sentez à l'aise. Il y a des groupes de sorcières des racines, de sorcières des haies, de *heathens*, de prêtresses de Brigid ainsi que divers groupes de païens rassemblés par leur croyance commune en la nature et en la magie. Si vous avez la sensation que votre magie serait plus efficace si elle faisait l'objet d'un partage, alors les communautés et les groupes qui s'offrent à vous sont sans limites.

— MAGIE POPULAIRE —

Quand on demande à quelqu'un de définir la magie populaire, il commence généralement par parler de ses grands-parents ou de ses arrière-grands-parents. On entend des histoires au sujet de la mamie d'untel qui nouait des ficelles rouges autour des pieds de meubles, mais ce n'était pas quelque chose dont on parlait. Ça existait, et c'était tout. Pourquoi est-ce que vos tantes chuchotent le mot « cancer » ? Pourquoi est-ce qu'elles lèvent les pieds quand elles passent par-dessus des rails en voiture ?

La magie populaire vit dans les superstitions et les traditions. Elle est intimement liée à la terre environnante et à la région de laquelle elle est issue. Elle se retrouve dans les éléments autour de nous et dans les manières dont nous pouvons aller à leur rencontre et faire partie d'eux. Bien entendu, elle n'est pas réservée aux femmes. Là où existe la magie populaire vivent aussi des hommes, mais c'est aux femmes qu'elle a été liée. « Attribuée », même. La magie « pour femmes ». Oui oui, ça existe. Puisque je n'aime pas particulièrement genrer l'univers, ici, je l'appellerai tout simplement « magie populaire ».

C'est la magie du quotidien. Tout aussi banale que le ménage et aussi routinière que le lavage des draps. C'est un entretien de la magie qui aide votre vie à s'aligner avec la meilleure version de vous-même. Depuis l'achat d'un nouveau balai quand vous déménagez afin de ne pas apporter de la vieille poussière dans votre nouvelle maison, jusqu'à l'usage d'une salière pour vous protéger de l'énergie négative. C'est de la magie que vous pouvez accomplir quotidiennement et incorporer à votre vie pour que tout soit rituel, que tout soit protégé et que tout ait un sens.

La magie populaire est la magie du peuple, tout comme l'art populaire est l'art du peuple. Beaucoup de classisme, de racisme et de sexisme entourent ces notions, et c'est important d'en parler. La magie cérémonielle n'est pas mauvaise en soi. Toutefois, dans certaines pratiques, elle est chargée d'un passé qu'il ne faut pas taire et qui doit être analysé.

L'art populaire se distingue des beaux-arts en cela qu'il était essentiellement l'apanage des autochtones et des pauvres. Il n'a rien d'inférieur. La magie populaire est bien loin de la magie cérémonielle enseignée majoritairement par des hommes âgés. Cela ne veut pas dire qu'il n'y a aucun intérêt à l'apprendre tout entière, mais son importance repose sur le fait de voir notre histoire pour ce qu'elle est. Comme l'a exposé l'une de mes connaissances : « Les hommes portent l'histoire et les femmes la culture. »

Un autre élément commun aux traditions populaires est qu'elles sont généralement vues comme étant une affaire de femmes. Les hommes faisaient des beaux-arts et de la magie, tandis que les femmes tissaient, brodaient, rempotaient et sculptaient. Elles mettaient les enfants au monde et aidaient les gens à entretenir de bonnes relations. Le travail des femmes a toujours été considéré comme plus organique, plus naturel. En d'autres termes moins élogieux, il a toujours été vu comme inférieur.

Qui a créé les musées qui abritent l'art ? Qui étaient les mécènes des artistes ? Qui pouvait se payer (et être accepté dans) les écoles d'art ? Afin de saisir la différence entre les beaux-arts et l'art populaire, il faut comprendre la différence entre riches et pauvres ainsi que le clivage culturel que cela a entraîné. La même distinction existe entre la haute magie et la magie populaire.

Mes amis se souviennent de leurs grand-mères en train de nouer une ficelle rouge au berceau du bébé pour tenir à distance les mauvais esprits. Je pique des crises folles si quelqu'un ouvre un parapluie à l'intérieur. Ces deux éléments sont à la fois des superstitions et de la magie populaire, et ils possèdent tous deux un pouvoir si l'on croit en eux. Tous les ans, au printemps, on voit les enfants réaliser des croix de sainte Brigitte, une pratique qui remonte très loin dans le temps, jusqu'au paganisme celtique. À Noël, on suspend du houx et du lierre, ce qui est aussi une vieille tradition païenne. La magie populaire traditionnelle est partout : dans la façon dont les gens balaient leur sol (dans le sens des aiguilles d'une montre) ou dans le fait qu'ils utilisent de l'eau de Floride ou de la poussière de brique pour nettoyer le seuil de leur maison. Il arrive aussi de voir certaines personnes renverser du sel, puis, presque aussitôt, en jeter quelques grains par-dessus leur épaule.

Dans les tissages et les coutures, on peut retrouver des motifs aussi vieux que les arts eux-mêmes, particulièrement dans les tissages et perlages de certaines tribus amérindiennes, mais aussi dans les tressages de paniers anglais, les styles architecturaux indiens et le kenté ghanéen. Ces dessins sont intrinsèquement magiques, et le fait qu'ils soient encore utilisés n'est pas un hasard. Ils ont une signification; ils en ont toujours eu une.

— L'ÉTHIQUE EN MAGIE —

La magie populaire est devenue aussi branchée que les motifs que l'on retrouve sur les sacs à dos et à Coachella. C'est à la fois positif et négatif, car la ligne qui sépare l'appropriation culturelle de l'appréciation de la culture est parfois bien mince. Le côté positif, c'est que l'appréciation des cultures et arts autochtones les aide à vivre au-delà des collections privées et des musées. Le côté négatif, c'est que l'appropriation retire quelque chose à la culture sans rien lui apporter, pas même le respect qu'elle mérite.

En règle générale, si vous pouvez vous imaginer en train de dire, de faire ou de porter telle chose devant une personne issue de la culture qui a créé ladite chose, c'est de l'appréciation. Si vous vous sentez terriblement gêné à l'idée de porter un sombrero et une moustache à la Pancho Villa devant une personne d'origine mexicaine, retirez *presto* votre chapeau et laissez tomber la moustache.

Il est problématique de prendre l'art et la magie des autochtones et de les présenter comme siens. Se faire faire un tatouage tribal sans en connaître la signification, c'est idiot.

Quand j'ai entamé ce livre, je voulais être sûre à 100 % de rester du bon côté de la ligne ; le côté « appréciation de la culture », donc. Vous y trouverez donc des pratiques issues de traditions européennes, amérindiennes, appalachiennes, mexicaines, panafricaines, sud-américaines, ou encore hoodoo et Ozark, ce qui constitue un joli mélange représentatif de nous tous. Je voulais élaborer une compilation de magie clairement américaine, sans opposer républicains et démocrates, mais dans le véritable esprit de mon pays, où notre diversité donne toute sa beauté à cette fresque riche que sont les États-Unis. J'ai fait de mon mieux pour attribuer les traditions et sortilèges à leurs cultures d'origine et aux livres de recherche où j'ai trouvé ces informations. Si tel ou tel sortilège provient de mes souvenirs ou d'une conversation entre amis, je ne l'ai associé à personne, car il fait partie de notre conscience collective. Si vous remarquez un élément dont l'origine n'est pas mentionnée et qui vous semble issu d'une tradition spécifique, faites-le-moi savoir ! Je rajouterai cette information dans la prochaine édition.

— MAGIE AMÉRICAINE —

En dépit de tous leurs problèmes, les États-Unis ont toujours été cette espèce de « fresque ». Nous avons toujours emprunté des choses aux autres ainsi qu'aux endroits d'où viennent nos familles. La mienne a principalement des origines anglaises, amérindiennes et polonaises, et malgré cela, je possède de vastes connaissances au sujet de petites magies provenant d'un peu partout dans le monde. À la racine de la magie se trouve une connexion au sol sous nos pieds, à l'air dans nos poumons, à l'étincelle de vie qui nous nourrit et au sang qui coule dans nos veines. Cette connexion transcende les frontières créées par l'homme et les séparations arbitraires. Elle génère un lien qui tisse nos vies les unes aux autres. Nous ressentons tous ce lien, et un peu de chance de temps en temps ne fait de mal à personne, quelle que soit l'origine de cette petite magie.

Dans ce livre, je ne m'adresse à aucune religion spécifique pour ce qui est des sorts et des méditations, car je ne crois pas que la magie soit réservée à un seul type de croyance ; j'estime qu'elle est intrinsèque. Je pense qu'elle peut être utilisée au sein de n'importe quelle forme de religion, organisée ou non, tout comme elle peut être employée en dehors de celle-ci. Pour moi, c'est comme la pensée : il s'agit d'une faculté avec laquelle nous sommes nés, et plus nous apprenons et pratiquons, plus nous la renforçons et l'améliorons. Comme l'intuition, plus on s'en sert, meilleure elle devient. La magie est une combinaison de votre intention, votre intuition et votre volonté.

Il y a un large éventail de praticiens de magie moderne. Dans presque chaque culture et religion, vous trouverez des sorcières, des *heathens*, des wiccans, des feris, des païens issus du mouvement *reclaiming*, des satanistes, des magiciens chrétiens, des praticiens du hoodoo, des vodouisants, des *rootworkers*, des sorcières de cuisine, des sorcières des haies, des magiciens du chaos, des *strega*, des néo-chamanes et des sorcières féministes, en plus de traditions magiques.

La magie importée, retrouvée ou reconstruite à partir d'anciennes communautés, est une pratique en expansion dans bien des groupes. Tout comme la Polonaise que je suis s'est mise à étudier la magie polonaise, d'autres personnes se réapproprient leur patrimoine magique. La découverte de nos racines nous confère de la force, et célébrer nos ancêtres nous paraît naturel et juste.

Je vous encourage à utiliser ce livre comme point de départ de vos études magiques. Le fait d'étudier les pratiques d'autrui, surtout celles des communautés marginalisées et leurs traditions magiques, ne peut qu'améliorer votre propre pratique et développer votre empathie.

COMMUNAUTÉS MAGIQUES

Il existe des dizaines de communautés magiques. Grâce à Internet, vous pouvez facilement trouver des gens qui vous correspondent éthiquement, magiquement et spirituellement. Pour faire ce genre de rencontres, j'apprécie les sites de sorties entre amis. Ils ont tendance à être moins fermés que les groupes sur les réseaux sociaux, et on peut voir ce que les gens pensent réellement de l'expérience.

D'ailleurs, « païen » est un mot fourre-tout, qui désigne en gros tout ce qui date d'avant le christianisme, le judaïsme et l'islam. Il inclut les pratiques religieuses autochtones ainsi que les personnes qui suivent les vieilles traditions de magie nordiques, polonaises, roumaines, russes, irlandaises et je ne sais quoi d'autre.

Je suis fascinée par un groupe de païens ; les *heathens*. Ils étudient et pratiquent la religion nordique, et la magie fait partie intégrante de cette expérience. Ceux que j'ai rencontrés ont beaucoup d'intégrité et mettent en pratique les valeurs qu'ils prônent. Puisqu'ils pensent ce qu'ils disent, et aussi parce que l'intégrité joue un rôle important dans leur pratique, ils comptent parmi les meilleurs praticiens que j'aie rencontrés.

On peut trouver des groupes païens sans spécificité. À Saint-Louis, nous en avons plusieurs axés sur la nature, mais ils ont pour membres aussi bien des praticiens gardnériens que des wiccans ou des druides. Ces membres se rassemblent pour leur culte à différents moments du cycle de la lune et des saisons, mais les pratiques qu'ils accomplissent chez eux varient d'une personne à l'autre. Il y a des éco-païens et des éco-magiciens, qui se concentrent sur la guérison de la Terre, et des groupes qui vénèrent les dieux antiques. Il y a des sorcières chrétiennes et des praticiens de la magie dans l'islam et dans le judaïsme. Il y a des universalistes unitariens qui pratiquent le paganisme et des religieuses catholiques qui lisent les cartes de tarot. Le monde est rempli de gens et de communautés que vous pouvez découvrir et qui peuvent apporter des choses à votre pratique magique.

Toutefois, à chaque groupe est associé un certain danger. Je connais des groupes qui exploitent les nouveaux venus et qui profitent d'eux financièrement, sexuellement, et de n'importe quelle autre manière imaginable. Certains groupes semblent accueillir tout le monde, mais sont en fait résolument transphobes. D'autres affirment qu'ils sont en faveur de l'*empowerment* des hommes, mais leurs croyances exposent en réalité les femmes à la prédation sexuelle. Comme pour tout autre domaine de votre vie, servez-vous de votre intuition et renforcez-la par des recherches avant de devenir membre d'une communauté magique. Méfiez-vous de tout ce qui est particulièrement voilé de mystère et qui ne jure que par des « tests ». Parlez à des personnes qui font partie de l'organisation en question, ainsi qu'à d'autres, qui l'ont quittée. Ayez recours à Internet. Rencontrez-vous dans des lieux publics. Assurez-vous que les gens avec lesquels vous entrez en contact aient une bonne réputation et renseignez-vous sur l'exploitation des nouveaux membres au sein d'une organisation, afin d'être capable d'identifier les signaux d'alarme.

Une fois que vous avez fait tout cela, vous êtes prêt à faire partie d'une communauté magique en vous sentant en sécurité et sûr de vous. Je vous recommande de commencer par déterminer ce que dit votre boussole morale. Sur Internet, il existe des tests qui analysent vos réponses à certaines questions afin de trouver la religion qui vous correspond le mieux : l'un d'eux s'appelle le Belief-O-Matic[4]. Après avoir effectué ces quiz, vous aurez une idée plus claire de ce qui est important pour vous. Les droits de l'homme ? La protection des personnes *queers* ? La non-violence ? Qu'est-ce qui vous motive moralement ?

Quelles qu'elles soient, ces valeurs doivent être présentes au sein de votre communauté spirituelle. Si vous adhérez à un groupe magique qui n'est pas en phase avec votre morale, vous finirez par avoir des problèmes. Dans un premier temps, contentez-vous d'observer. Posez des questions. Prenez des notes. Apprenez à connaître les gens avant de leur promettre de l'argent ou de vous engager de toute autre manière.

J'ai toujours été une praticienne solitaire, mais j'ai quelques amis que je retrouve quand surviennent des situations compliquées. J'avais envie d'une communauté et d'un lien spirituel plus fort, alors je suis devenue membre d'une église. Je pratique ma magie

4 https://www.beliefnet.com/entertainment/quizzes/beliefomatic.aspx

seule et occasionnellement avec des amis, mais j'ai une communauté spirituelle complètement indépendante. Ça fonctionne à merveille, pour moi. À vous de trouver ce qui marche pour vous.

J'ai tendance à retrouver quelques amis aux alentours de la pleine lune. C'est toujours arrivé par hasard. Par exemple, je suis près de chez eux et je leur envoie un message du type « Coucou, je prends le petit déj à *Morning Glory*, t'es dispo ? » et vingt minutes plus tard, nous sommes réunis tous les quatre, à boire du café, à parler de nos vies et à nous soutenir mutuellement. Et généralement, on rigole pas mal, aussi. Ensuite, on se dirige vers la maison de l'un de nous, et la conversation se poursuit au fil du déjeuner. L'un de nous a une nouvelle pierre à montrer aux autres, quelqu'un d'autre allume une bougie… Nous partageons nos peines et nous nous appuyons les uns sur les autres. Nous nous autorisons à être vulnérables en ce lieu. Nous nous nourrissons physiquement et spirituellement. Nous nous prenons dans les bras, nous nous aimons, et en fin d'après-midi, nous repartons finalement avec la sensation d'être véritablement bénis et en sécurité.

On pourrait appeler ça une « réunion de coven », mais puisque nous ne nous considérons pas officiellement comme un coven, c'est juste une journée entre potes avec de la magie. Quel que soit le nom qu'on donne à cette activité, c'est quelque chose qui renforce nos liens et nous fait nous sentir mieux.

Quand vous trouverez une communauté qui vous procurera cette sensation, vous serez chez vous.

La magie est ce que vous avez besoin qu'elle soit. C'est un outil, une sensation, un pouvoir. C'est le calme et la fureur. La magie vient de l'intérieur et forge des liens avec des outils, la nature et les personnes qui vous entourent. La magie est à vous, c'est vous qui la définissez, qui l'utilisez : ce sont vos pensées, vos mots, vos actions. Votre magie.

n°2

Se lancer

Margot Adler, journaliste pour NPR et prêtresse wiccane, écrit dans *Drawing Down the Moon* : « La magie est un mot opportun pour désigner un ensemble de techniques qui impliquent toutes l'esprit, [...] la mobilisation de la confiance en soi, de la volonté et de l'émotion engendrée par la reconnaissance d'une nécessité. »[5] Elle présente aussi la visualisation comme cruciale. L'utilisation de son esprit pour gérer son corps, son esprit et son futur est à la fois quelque chose de puissant et de réalisable.

D'après mon expérience, il y a trois étapes en magie. La première, c'est la *croyance*. Vous croyez que votre vie devrait être autre. Vous croyez qu'un changement est possible. La partie la plus importante de la croyance est quelque chose que Terry Pratchett (qu'il repose en paix, mais avec quelques tumultes) a nommé « têtologie » dans plusieurs de ses livres du Disque-monde. Il s'agit d'une pratique consistant à dire et à penser les choses pour qu'elles deviennent vérité. La têtologie considère que les choses sont vraies parce que vous pensez qu'elles le sont.

La deuxième étape, ce sont les *mots*. Dans les sorts, les mots ont leur importance. Si vous ne me croyez pas, essayez de vous souvenir de la dernière fois que quelqu'un vous a appelé par le mauvais prénom (« Il m'a appelée Michelle ?! Mais ça va pas, la tête ! »). Beaucoup de rage pour un petit lapsus, mais cette personne s'est trompée sur la chose qui vous définit

5 Adler (Margot), *Drawing Down the Moon: witches, druids, goddess-worshippers, and other pagans in America today*, Viking Press, New York, 1979, 595 p. (Citation traduite par Clélia E. Rubière.)

vis-à-vis de la plupart des gens : votre *mot*. Les noms sont importants ; les mots ont du pouvoir.

La troisième étape, c'est *l'action* : afin de faire survenir des changements, vous devez agir sur le plan matériel avec votre corps en chair et en os. C'est bien d'allumer une bougie et d'écrire des mots, mais ensuite, vous devez opérer des changements dans la manière dont vous vivez afin de faire avancer l'univers dans la direction que vous visez. Faites un peu de bien dans le monde par vos actes et préparez-vous à recevoir des bénédictions en retour. Vos actions n'ont pas besoin de s'aligner avec votre magie, mais elles devraient s'inscrire dans le même esprit. Si vous demandez de l'argent à l'univers, donnez ce que vous pouvez. Faites du bénévolat. Écoutez un ami qui traverse une période difficile. C'est dur d'être impatient quand on est occupé à aider quelqu'un d'autre.

Les trois étapes répondent merveilleusement bien aux principes du zoroastrisme : *humata*, *hukhta*, *huvarshta*, ce qui signifie « bonnes pensées », « bonnes paroles » et « bonnes actions ». D'abord, faites en sorte que votre tête soit là où elle doit être, puis alignez votre volonté. Enfin, vos actions achèvent le processus. L'alignement de sa tête, de son corps et de son esprit est une manière puissante de commencer à exercer un contrôle sur soi et sur son monde.

Comprenez bien que la magie n'est pas qu'une seule chose. Il ne s'agit pas de se contenter de prononcer quelques paroles et d'allumer une bougie. C'est un processus délibéré comportant un début, un milieu et une fin. Vous devez être à fond dedans pour qu'il ait un effet ou le moindre sens.

LA CROYANCE

Dans *Même les cow-girls ont du vague à l'âme,* Tom Robbins écrit : « Je crois en tout, rien n'est sacré. Je ne crois en rien, tout est sacré. »[6]

Ici, vous pouvez changer les mots. On peut remplacer « croyance » par « foi », « attention sacrée », « intention », « prière », « attention » ou « attitude ». Cela peut même être aussi désinvolte qu'une supposition ou un pressentiment. Pour des raisons pratiques, j'emploierai le mot « croyance ». On ne peut pas faire de magie si l'on ne croit pas en sa réussite. Jamais. La croyance est l'étincelle qui porte vos besoins et vos espoirs et les fait se manifester. La croyance est le moteur. Il fait se réaliser votre vœu.

Voici un exemple de comment la croyance peut affecter votre vie de différentes manières que vous n'auriez même pas imaginées. Il y a quelques années, j'ai traversé une période de déprime. À l'époque, je me disais tout le temps « C'est pour ça que je ne peux jamais rien avoir de bien. » En permanence. C'était devenu une sorte d'échappatoire pour moi, pleine d'autodénigrement, à chaque fois que je ratais quelque chose. Je pouvais dire que c'était de ma faute, faire comme si je n'étais capable que de ça, puis balayer toutes les critiques constructives bien intentionnées aussi bien que la honte que je m'infligeais à moi-même. Je le prenais à la rigolade, mais ce n'était vraiment pas drôle.

6 Robbins (Tom), *Même les cow-girls ont du vague à l'âme*, trad. Philippe Mikriammos, Gallmeister, Paris, 2010.

À cette période-là, ça n'allait pas. J'étais souvent malade. J'étais malheureuse dans ma vie, dans mon travail, dans mes relations. Mon énergie était tombée par terre et je ne parvenais pas à la relever. Maintenant, je sais que ma vie était à un point de vibrations basses et que je perpétuais ces mêmes vibrations en répétant, dans ma tête et à haute voix, à l'univers et à quiconque m'écoutait, que « je ne [pouvais] jamais rien avoir de bien ». Pire, j'avais décidé que si « je ne [pouvais] jamais rien avoir de bien », c'était à cause de mes échecs répétés. Maintenant, je le mets entre guillemets pour pouvoir prendre mes distances. Vous savez pourquoi ? Parce que, pendant un très long moment…

JE LE CROYAIS.

J'affirmais sans cesse, de tout mon cœur, à Dieu ou à l'univers ainsi qu'à moi-même que je ne méritais pas les choses dont j'avais désespérément besoin.

Je le croyais de tout mon cœur.

Je le pensais fréquemment.

Je le disais à voix haute.

Je le disais à mes amis.

Je le disais à des inconnus en passant à la caisse.

Je le pensais si souvent que je me suis mise à le *croire*.

Par mes pensées, j'ai planté les graines du « je ne le mérite pas ». Par mes paroles, à chaque fois que je le répétais, j'arrosais ces graines. Par mes actions, je garantissais l'absence de changement, car je ne faisais rien pour provoquer celui-ci.

Je ne dis pas que le fait de penser et de dire ça était la cause de mon malheur. Ce n'est pas ça qui m'a fait divorcer ou avoir un emploi inintéressant. Cette pensée ne m'empêchait pas d'avancer dans ma vie. Cependant, elle réalisait mon vœu, qui était de ne rien mériter. Je faisais de la magie sans même m'en apercevoir. J'envoyais une attente clairement définie à l'univers, puis je l'acceptais comme fait. Évidemment que ça allait mal : c'était ce à quoi je m'attendais. Je me confortais dans cette idée. Je créais ces vibrations basses et m'y investissais et je ne faisais rien pour essayer de les modifier.

J'ai décrété que le malheur était acceptable dans ma vie. Je m'étais résignée à une vie médiocre, et après un moment, je ne voyais même plus le problème. Je me suis habituée à être malheureuse, et à chaque fois que je connaissais des échecs, je me répétais cette pensée selon laquelle, de toute façon, je ne méritais pas le bonheur. J'avais placé la barre si bas qu'elle était devenue invisible à mes yeux.

J'ai beaucoup de chance que mon ami Mark m'ait entendue dire ça un jour et qu'il m'ait interrogée : « Est-ce que tu ne t'es pas déjà demandé si tu ne peux jamais rien avoir de bien uniquement parce que tu crois vraiment ça et que tu n'arrêtes pas de te le seriner ? » Aïe. Bon, c'était très dur à entendre, mais c'est aussi un excellent exemple de pourquoi les communautés magiques peuvent fonctionner quand elles sont bien faites. Je ne m'étais jamais vraiment entendu dire ça. Mais Mark, si.

Les critiques justifiées sont celles qui piquent souvent le plus et à s'imprimer dans notre cerveau.

Je n'arrivais pas à me sortir cette pensée de la tête. Ma croyance en cette idée, associée à la répétition de ce mantra autodénigrant, avait créé un sortilège. Ma répétition incessante de ce sort participait à perpétuer les vibrations basses dans lesquelles je me trouvais.

Ici, la croyance n'est pas qu'un espoir. Ce n'est pas un regret que la situation soit telle qu'elle est. C'est le fait de voir si nettement le changement que vous devez opérer dans le monde que cela n'a plus de sens de ne rien changer. Quand vous conduisez, vous êtes censé regarder là où vous voulez vous rendre, pas en direction du fossé ni trois voitures plus loin. Vous ne fixez pas le bas-côté très étroit ou le type de derrière qui vous colle. Vous restez concentré sur la route devant vous, toujours. Si vous jetez un œil sur les côtés, vous prendrez inconsciemment la décision de tourner le volant dans cette direction. Si vous arrivez vers un fossé, vous continuez à regarder la route, parce que sinon, vous vous approcherez trop près du bas-côté, ce qui n'est bon pour personne.

Cette règle s'est confirmée un jour où je conduisais et où j'ai vu un groupe de cerfs au bord de la route. Une fois que je les avais remarqués, impossible de penser à autre chose. Et s'ils se précipitaient sur la route ? Quel est l'impact d'un énorme cerf sur une Toyota Corolla© 2006 ? Avant d'avoir eu le temps de dire « ouf », j'avais dévié vers la bande rugueuse et j'ai dû redresser le volant pour me replacer correctement sur la voie. Et les cerfs ? Ils allaient parfaitement bien. Ils ne s'étaient pas rués sur la route, et ils sont restés de marbre quand mon père m'a jeté un regard noir en bougonnant : « Alors ? T'as détourné ton regard de la route, hein ? Qu'est-ce que ça a donné ? » Bon sang. Idiots de cerfs.

Amy Cuddy a publié des études sur les « postures de puissance » et en a popularisé le concept, qui consiste à se tenir debout les mains sur les hanches, façon Wonder Woman. Il a été prouvé que cette posture faisait baisser le taux de cortisol et augmenter celui de testostérone, ce qui à son tour, augmente la confiance en soi d'environ 25 %[7]. Ça, c'est de la têtologie. Peut-être que vous n'avez pas particulièrement confiance en vous à un instant T. Peut-être que vous avez passé une journée nulle de chez nulle et qu'une réunion difficile vous attend. Le simple fait d'adopter cette posture pendant deux minutes peut modifier votre approche de la suite des événements. Cela ne veut pas dire que votre journée va tout à coup vous paraître bonne. Cependant, cela vous fournit un modèle de confiance en soi afin que vous puissiez faire comme si, jusqu'à ce que vous preniez confiance en vous pour de bon.

C'est pareil que de se maquiller quand on ne se sent pas bien. Vous vous montrez au monde d'une manière donnée et votre énergie peut s'élever pour répondre aux attentes des gens qui s'imaginent qu'ils vont avoir en face d'eux une personne complètement investie et au regard animé. Votre jean préféré, de bonnes grosses bottes ; tout ce qui peut vous faire aller de l'avant, physiquement et émotionnellement,

---

7 Carney (Dana R.), Cuddy (Amy J. C.), et Wap (Andy J.), « Power Posing: Brief Nonverbal Displays Affect Neuroendocrine Levels and Risk Tolerance », *Psychological Science* 21, n° 10, 2010.

en attendant que votre cerveau rattrape son retard sur le reste de votre personne.

Dans ces deux scénarios (la posture de puissance et l'eye-liner pour « faire comme si »), vous donnez à votre croyance et à votre corps une longueur d'avance sur le présent. Vous envoyez de l'énergie dans le futur, certain que le fait de jouer la carte de la confiance en vous va transmettre cette assurance à votre âme et que vous ne vous fondrez pas dans le décor lors de la réunion. Vous portez du maquillage comme une armure, en ayant foi qu'il détournera toutes les pensées de ceux pourraient vous voir comme inférieur.

La croyance devient savoir, puis la visualisation devient vue. Quand vous recourez à la visualisation, vous vous sentez davantage prêt lorsque le moment de transformation a lieu. Vous vous y êtes déjà entraîné un million de fois. Je sais à quoi ressemble ma future maison parce que je l'ai tant imaginée. Je sais de quelle couleur sera mon bureau, et je connais la forme du jardin. J'ai vu tout cela très clairement dans mon esprit, et ainsi, quand mon regard se posera sur cet endroit pour la première fois, je le reconnaîtrai comme mon chez moi.

Imaginez une journée difficile au travail. Peut-être sortez-vous d'une réunion frustrante, sans intérêt et, pire, où il n'y avait rien à grignoter.

Vous retournez à votre bureau, frustré et un peu démoralisé. Au lieu de revenir directement à votre écran, fermez les yeux. Imaginez tous ces soucis et toutes ces inquiétudes comme des ballons gris flottant au-dessus de vous. Ils sont attachés à vos bras par des ficelles grises. Donnez un nom à chacun de ces ballons. Ensuite, visualisez-les en train de se détacher. Un à un, ils s'envolent vers le plafond, sortent par la fenêtre. Imaginez-les se dissoudre dans la lumière. Inspirez profondément. Maintenant, vous pouvez vous remettre au travail.

Voilà ce qu'est la têtologie. C'est ce que fait la croyance. Elle vous montre les choses telles qu'elles pourraient être de manière si nette que vous vous y jetez à corps perdu, sans hésiter.

— LES MOTS —

Que se passe-t-il quand on éparpille une poignée de graines par terre ? Même si l'on ne s'en occupe pas, que l'on n'encourage pas leur croissance, elles pousseront. Ce sont des petites choses tenaces, les graines. Leur unique mission est de réussir à se développer, à trouver de la terre, de l'eau, de l'espace. Elles sont conçues pour ça.

C'est pareil pour les mots, ceux que nous prononçons à voix haute ou que nous portons dans notre cœur. Ils sont des graines, qui poussent si vous les laissez faire. Réfléchissez-y. À chaque occasion où j'aurais pu détourner l'attention du désastre qu'était devenue ma vie, j'insistais énergiquement sur le fait que ce comportement que je pouvais contrôler et dont j'étais responsable était en fait hors de ma portée et en dehors du champ des possibles. Je n'étais pas capable de bonnes choses, je n'étais pas disposée à en avoir et je n'en méritais pas, pas plus que je ne méritais d'être entourée de bonnes personnes, de jouir de la sécurité ou encore d'une bonne maison ou d'un bon emploi.

Une fois, j'ai eu un chauffeur, John, qui était complotiste. J'ai adoré ce type. Il m'a conduite depuis le nord de l'État de New York jusqu'à l'aéroport. John a passé l'heure de trajet à me raconter la vérité sur l'univers, depuis l'assassinat de Kennedy jusqu'à l'alunissage. L'une des très nombreuses choses qu'il m'a dites était celle-ci : « Les catholiques se satisferont toujours d'être de classe moyenne ou de classe ouvrière parce que toutes les semaines, ils répètent : "Seigneur, je ne suis pas digne de te recevoir, mais dis seulement une parole et je serai guéri". Ils le disent tellement souvent qu'ils finissent par le croire, et ils acceptent leur situation. »

Waouh.

Tout d'abord, très malin de ta part, John. J'ai été élevée dans la foi catholique et j'ai répété cette phrase chaque semaine pendant des dizaines d'années. Toutefois, je n'y avais jamais réfléchi. Cette phrase est tirée de Matthieu 8:8 dans la Bible chrétienne. Avant qu'une personne n'accueille Jésus chez elle, elle dit : « Seigneur, je ne suis pas digne que tu entres sous mon toit, mais dis seulement une parole, et mon serviteur sera guéri. »[8]

8 Traduction de John Nelson Darby.

Le but de cette affirmation est de reconnaître que chaque humain a des défauts et que nous ne sommes pas dignes d'interagir avec Dieu de manière intime. Dans la messe catholique, ces paroles sont prononcées avant que les fidèles ne prennent l'eucharistie, un rite symbolisant la prise du corps et du sang du Christ à l'intérieur de soi. C'est la partie la plus importante de la messe.

Je ne souhaite nullement offenser les catholiques par cette question, mais j'ai besoin de savoir : pourquoi dois-je me rabaisser pour être proche de Dieu ? En fait, non, je n'ai pas besoin de savoir, parce que j'ai quitté l'Église, mais cela vaut le coup de réfléchir à cette situation : un groupe de gens en train de répéter à l'unisson « je ne suis pas digne de te recevoir » semaine après semaine, avec intention et passion, dans le cadre d'une pratique religieuse ritualisée dans la maison de Dieu.

Ce n'est pas rien, les amis. Je pense que John avait mis le doigt sur quelque chose d'intéressant.

Les mots ont du pouvoir. Les noms, encore plus. Ce sont les noms qui définissent les choses ainsi que votre rapport à elles. J'avais un ami qui souffrait de problèmes de concentration depuis toujours. À 32 ans, on lui a diagnostiqué un trouble sévère du déficit de l'attention. Une fois qu'il a pu donner un nom à ce problème, il a repris le contrôle de sa vie. Sitôt nommées, les distractions ont perdu leur influence et sont devenues des obstacles identifiables qu'il pouvait diriger et maîtriser. Il pouvait se faire suivre, se faire soigner et appeler ses « distractions » par leur vrai nom : des symptômes.

La connaissance du nom, de quels mots employer pour désigner une chose, vous dit où vous vous positionnez par rapport à cette chose et comment la vaincre.

Si vous lancez un sortilège de prospérité, un aspect important de celui-ci consiste à vous visualiser dans cette situation : serein au sujet des factures, ne devant rien à personne, propriétaire d'une meilleure voiture, pas contraint de choisir quelle facture payer ce mois-ci… Si ça reste une aspiration, cela complique la magie. Si vous ne voyez pas ce dont vous avez besoin, comment êtes-vous censé le faire devenir réalité ? Si vous vous percevez constamment comme pauvre, ça va être beaucoup plus compliqué de dépasser ce stade. Si vous pouvez changer vos pensées pour qu'elles s'alignent sur votre nouvelle réalité, par contre, ça sera comme enfiler une vieille veste qui vous va parfaitement. Ensuite, quand vous avez les bonnes pensées, vous pouvez trouver les bons mots pour les cristalliser.

— L'ACTION —

Dans sa correspondance avec Bill Wilson au sujet de la création d'Alcooliques Anonymes, Carl Jung a écrit : « Vous êtes ce que vous faites, pas ce que vous dites que vous allez faire »[9]. Il y a l'action magique et l'action terre-à-terre (moldue). Les deux sont importantes. La première, c'est la partie magique.

9 McCabe (Ian), *Carl Jung and Alcoholics Anonymous: the twelve steps as a spiritual journey of individuation*, Routledge, Londres, 2015. (Citation traduite par Clélia E. Rubière.)

Les parties pratiques d'un sortilège sont les éléments que vous utilisez pour pousser votre vision en avant. Écrivez votre intention ou dessinez vos sigils. Servez-vous de la Terre, de l'Air, du Feu et de l'Eau pour charger symboliquement votre intention.

C'est l'intention qui fait tout.

Vous devez vraiment vouloir ce que vous demandez. C'est là l'étincelle qui démarre le feu de l'action. Vous savez ce que c'est de vouloir quelque chose, mais est-ce que vous savez ce que c'est de le désirer vraiment ? De ressentir la résolution d'une décision ? D'avoir ces braises de détermination qui vous poussent vers l'avant, même quand ça fait mal ? Même quand c'est difficile ? Même quand vous pensez que vous ne pouvez plus y arriver, cette petite lumière de la résolution vous porte. C'est ce qui fait que vous terminez d'écrire votre livre à 3 h 30 du matin alors que vous êtes éreinté. C'est ce qui vous rend passionnément dévoué à ceux que vous aimez. Cette intention vous fera avancer, même quand vous ne voyez pas le bout du chemin.

Bien que de nombreuses sorcières (moi comprise) utilisent des outils spéciaux, ils ne sont pas indispensables. Vous devez savoir que si vous n'y avez pas accès pour quelque raison que ce soit, ce n'est pas grave. Vous pouvez travailler sans. Le manque d'accès à certains objets ne devrait pas vous empêcher de faire de la magie. D'ailleurs, rien ne devrait se mettre en travers de votre chemin. Vous n'avez pas besoin d'outils. Ça aide, mais ce n'est pas une obligation. Tout ce dont vous avez besoin, ce sont vos pensées. Vos mots. Vos actions. Vous purifiez l'air autour de vous, trouvez un peu de calme, et créez un espace de travail pour votre magie. C'est un acte délibéré qui oriente toutes vos ressources dans la même direction.

J'ai appris à faire des lectures de tarot sans le moindre encadrement individuel. Je me rappelle avoir fait une lecture dans le salon d'un ami : je lui demandais pardon de ne pas encore réussir à me détacher complètement de mon livre, j'analysais longuement chaque signification des cartes que je tirais, et j'ai terminé stupéfaite que la lecture soit non seulement juste, mais également nuancée et bien plus poussée que les conseils que j'aurais pu naturellement apporter à la situation. Je me rappelle avoir effectué des lectures en voiture, sur la banquette arrière, en allant à des concerts. Dans des bars si bruyants et animés que je devais crier ma lecture au client généralement éméché. J'ai fait cela pendant des années. Je faisais des lectures quand j'étais exténuée, ivre, défoncée, débordante d'émotions ou triste. Je le faisais car j'ignorais que ce n'était pas l'idéal. Je ne savais pas que si j'étais en bonne santé émotionnelle, spirituelle, physique et psychique, la lecture deviendrait pour moi comme une seconde nature. J'ignorais qu'il y avait des façons de faciliter mes lectures. Je l'ai appris à mes dépens, et ce n'est que plus tard que j'ai découvert que la méditation,

l'encens, les bougies et les cristaux pouvaient m'aider dans mes lectures, tout comme en magie.

J'ai des souvenirs de moments où j'essayais sans relâche de faire survenir quelque chose de magique. Où, le cœur brisé, je tendais la main vers l'univers et ne trouvais que du silence. Où j'allumais une bougie et la regardais brûler sans entreprendre la moindre action qui aurait pu aider la bougie à accomplir sa mission. Où je souhaitais de tout mon cœur que quelque chose se produisît, sans voir de résultats. C'est frustrant de galérer. Quand on ne fait que la moitié du travail nécessaire, les résultats sont rarement tels qu'on les voudrait. La magie existe en vous, et les bougies et cristaux ne servent qu'à clarifier le signal que vous essayez d'envoyer à l'univers et à lui donner un peu de peps.

Je pense que comprendre pourquoi ces traditions fonctionnent est un aspect important de leur utilisation. Jusqu'à ce que je devienne adulte, je n'avais jamais remarqué que pendant la messe catholique, l'enfant de chœur sonne la cloche au moment le plus sacré de l'office. La mission de la cloche n'est pas du tout arbitraire : elle consiste à attirer l'attention de chacun sur le devant de l'église à cet instant précis.

Psalmodier vous aide à entrer dans un état méditatif. N'importe quelle psalmodie effectuée en dehors d'un stade de foot finira par atteindre un point où tous les mots possèdent les mêmes sonorités à chaque fois que vous les répétez. Elle maintiendra une atmosphère détendue et vous fera entrer dans un état d'esprit calme. Si vous choisissez de travailler avec d'autres personnes, elle vous mettra tous dans le même état d'esprit, en même temps.

La répétition d'une prière ou d'un sort vous aide à le visualiser et à le manifester. C'est différent d'une psalmodie en cela qu'il ne s'agit pas toujours d'une répétition à voix haute. Si vous écrivez « Je vais décrocher cet emploi. Je vais décrocher cet emploi. Je vais décrocher cet emploi », l'idée va s'imprimer dans vos cerveaux conscient et subconscient, et vous commencerez à avoir foi en elle. Vous serez aussi en train de la communiquer à l'univers, en quelque sorte. Vous affirmez votre intention et vos attentes, et elles sont écoutées.

Le fait d'écrire quelque chose (une histoire, un maléfice, une prière) aide à le rendre réel. Ma fille réécrit ses notes de cours en plusieurs couleurs, avec des petits dessins, et elle a une excellente moyenne (et bien évidemment, c'est un génie). Quand vous mettez vos pensées en paroles, vous leur donnez une forme, une structure et une importance. La magie de nœud a le même bénéfice. Chaque nœud que vous réalisez intègre votre intention dans le travail. Il devient une extension de votre volonté au sein de l'univers.

Pour cette raison, apporter un élément de rituel à votre vie est une façon merveilleuse d'améliorer votre santé mentale et votre aptitude magique. Songez à la mémoire musculaire : le fait de répéter le même mouvement encore et encore, qu'il s'agisse d'un mouvement de raquette au tennis ou d'un *jump shot* au basket, jusqu'à ce que votre corps sache naturellement ce qu'il doit faire. C'est un plus pour votre acuité physique et mentale. Cela vous aide aussi énormément dans votre pratique magique.

Chacune de ces étapes renforce votre sortilège. Chacune d'elles va vous mettre dans l'état d'esprit calme et concentré qu'il faut viser. L'une d'elles est l'affirmation « vous êtes vos actions ». C'est plus que de joindre le geste à la parole ; c'est déclarer que l'intégrité est indispensable. Si vous le dites, vous le ferez. Je trouve aussi que « vous êtes vos actions » est une bonne façon d'essayer d'éradiquer le sarcasme et les commérages dans les conversations.

L'action « terre-à-terre » signifie que vous devez *faire* quelque chose. À l'époque où j'étais absolument convaincue que je ne pouvais rien avoir de bien, une fois que Mark m'a ouvert les yeux, j'ai commencé à postuler de meilleurs emplois. Pas simplement des emplois en général, et pas des candidatures au hasard, pour n'importe quel travail, tant j'étais malheureuse. Je me suis mise à candidater pour des emplois qui payaient considérablement plus que le mien et qui se trouvaient plus près de chez moi. J'ai contacté des agences d'intérim et des chasseurs de têtes. J'ai demandé à des amis de relire mon C.V. J'ai candidaté avec détermination et en sachant que l'un de ces postes était pour moi.

Il ne suffit pas de croire que vous méritez quelque chose, vous devez aussi y travailler. Désirer une chose sans faire quoi que ce soit pour l'obtenir est, au mieux, une perte de temps, et au pire, rien que des pleurnicheries.

Comme le dit Ron Swanson dans la série *Parks and Recreation*, « Ne faites jamais deux choses par-dessus la jambe. Faites-en une seule, mais par-dessous. »[10] Si vous comptez investir de la croyance, des mots et des actions dans quelque chose, ne perdez pas votre temps. Après tout, c'est de votre vie qu'il est question.

L'ÉTHIQUE

Je ne suis ni votre mère ni Oprah. Je ne peux pas être un modèle de magie éthique pour vous, car c'est en vous que repose votre boussole morale. Je peux cependant vous dire les magies que j'évite. Pas parce que je pense que c'est de la « mauvaise magie » ni que je trouve qu'on devrait faire (ou au contraire, ne pas faire) de la magie pour les autres ou pour influencer la vie d'autres personnes. Si j'évite ces magies, c'est parce que j'estime que ça fait mauvais genre. Tout comme les lectures de tarot ne sont pas la réponse à toutes les questions de la vie, la magie n'est pas l'outil adapté à tous les problèmes de la vie. Encore une fois, vos mots ont un sens.

Je précise que l'éthique qui suit représente ma ligne de conduite personnelle. J'ai des amis dans la communauté magique qui ne voient aucun souci à se venger ou à faire des promesses potentiellement impossibles à tenir. Il n'y a pas de problème à cela, mais libre à eux d'écrire leur propre livre au sujet de leur pratique de la magie.

- Vous n'avez pas besoin de démonter la religion des autres afin de faire de la place à vos

10 Schur (Michael), « Sweet Sixteen » [Saison 4, épisode 16], *Parks and Recreation*, NBC, 2012. (Citation traduite par Clélia E. Rubière.)

propres croyances. Vous n'avez pas non plus besoin de casser du sucre sur le dos d'autrui au sein de votre pratique. Laissez les gens croire ce qu'ils veulent.

- Ne faites pas de promesses que vous ne comptez pas tenir. Ni à vous-même, ni à l'univers, ni à qui que ce soit d'autre. Ce genre de malhonnêteté a tendance à vous revenir en pleine figure tel un boomerang.

- Soyez prudent en ce qui concerne la vengeance. Je ne vais pas perdre mon temps à vous ressasser la règle du triple retour ou le précepte « si nul n'est lésé, fais ce que tu veux » qui vous importeront peu si vous n'êtes pas wiccan. Ces règles sont hors de propos si elles ne font pas partie de votre tradition religieuse. Ce que je vais vous dire, c'est que je n'ai jamais vu ou entendu parler de quelqu'un qui a lancé un sortilège de vengeance ou un sort malfaisant sans s'en prendre ensuite plein la figure lui aussi. Le seul sort de vengeance que j'effectue, c'est un sortilège où je souhaite que la personne soit traitée exactement comme elle traite les autres. Voyez ça un peu comme l'équivalent magique de « c'est celui qui le dit qui l'est ».

- En dehors des sortilèges de protection, le fait de recourir aux cheveux ou aux vêtements des gens peut être manipulateur. Cela va à l'encontre du libre arbitre et peut vous lier à ces personnes de manière imprévisible. Vous serez également lié si vous bannissez une personne en utilisant une partie d'elle. Cette partie est toujours avec vous, près de vous, et entortillée dans votre magie. C'est contre-productif.

- En parlant de tierces personnes, demandez la permission avant de faire de la magie sur autrui, même si vous essayez juste de rendre service.
- Une fois de plus, vos mots sont importants. Ce que vous dites, la personne à qui vous le dites, l'émotion qui fait sortir les mots de votre bouche… tout cela compte. Soyez-en conscient.

Starhawk, une écrivaine, militante, sorcière, féministe et personne qui déchire de manière générale, aborde le pouvoir dans son livre *Truth or Dare*. Elle écrit qu'il en existe trois sortes distinctes : le pouvoir-sur, le pouvoir-avec, et le pouvoir-du-dedans[11].

Le « pouvoir-sur » peut être atteint par la manipulation ou par la force. De nos jours, il est représenté par le patriarcat ainsi que par le racisme sociétal et institutionnel. Les personnes au pouvoir exercent leur pouvoir-sur pour garder intactes les structures qui les ont mises au pouvoir. On remarque cela dans le rabaissement des minorités visibles, des personnes *queers*, pauvres ou vivant avec des handicaps, et toute autre personne marginalisée. Du point de vue interpersonnel, le pouvoir-sur est lié au

11 Starhawk, *Truth or Dare: Encounters with Power, Authority, and Mystery*, HarperCollins, New York, 1987, 370 p.

gaslighting[12], aux violences physiques et émotionnelles ainsi qu'à la manipulation. Le pouvoir n'est pas partagé et il ne change pas de mains, surtout pas pour aller vers quiconque pouvant être décrit comme « autre ». Les personnes aux commandes contrôlent les ressources, et par conséquent, les autres.

On peut se demander si le pouvoir-sur est toujours négatif. Excepté dans le cas d'un parent et de son enfant mineur ou du tuteur d'une personne incapable de prendre des décisions pour elle-même, je pense que oui. Si mes enfants sont mineurs et se mettent en danger, il en va de ma responsabilité d'assurer leur protection par n'importe quels moyens. Si ma sœur est diminuée et que je veux l'aider, j'emploierai tous les outils à ma disposition, y compris la magie. Est-ce bien ? Est-ce éthique ? Moi, je crois que oui, mais peut-être que vous, non. Je peux lancer un sortilège d'entrave ou de bannissement à ces personnes sans leur permission, et ma boussole morale ne s'en trouvera pas affectée.

Pour moi, c'est franchir une limite que d'utiliser de la magie sur quelqu'un d'autre, sur une personne qui ne fait pas partie de ma famille de cœur ou de sang. C'est quelque chose que vous devez déterminer par vous-même. Dans ce livre, il y a un sort qui renvoie l'énergie négative à la personne qui l'a créée.

12 Le terme *gaslighting* désigne l'acte de tromper une personne en lui mentant ou bien en déformant certains faits, de manière à la faire douter d'elle-même. Ce mot provient de la pièce de théâtre *Gas Light* (1938), où un homme manipule sa femme, notamment en baissant l'intensité de l'éclairage au gaz tout en niant y avoir touché, afin de la persuader qu'elle est devenue folle.

C'est une zone un peu floue pour moi, et je fais en sorte de n'envoyer que des éléments provenant de l'expéditeur, mais peut-être que vous, vous ne serez pas à l'aise avec ça. Vous devez vous servir de votre propre boussole pour aligner votre magie, mais je tiens cependant à vous mettre en garde : en magie, les choses ont tendance à revenir tels des boomerangs. Vous voudrez peut-être accorder de l'intérêt à la croyance wiccane selon laquelle tout ce qu'on fait nous revient trois fois.

Le « pouvoir-avec »
est un pouvoir collectif.

On le voit dans les relations équilibrées et les communautés intersectionnelles. C'est un pouvoir partagé qui peut entraîner des changements collectifs. À un niveau personnel, le pouvoir-avec est une relation aimante et saine. Il comprend les relations de travail équitables et les relations entre n'importe quels groupes de personnes, du moment qu'elles ne reposent pas sur une quelconque exploitation. Cette magie est puissante quand on garde de la place pour des personnes issues de communautés marginalisées. Si vous jouissez d'un privilège, utilisez-le pour donner aux autres de l'espace et le pouvoir d'être entendu.

Le « pouvoir-du-dedans »
représente votre force intérieure.

C'est le genre de pouvoir que la magie fait ressortir en vous. Il devrait être la source de vos sortilèges et de votre confiance en vous. Le pouvoir-du-dedans vous guidera vers les bonnes personnes avec qui travailler, avec qui créer du pouvoir-avec, et il vous aidera à planifier vos objectifs et vos rêves. C'est le pouvoir que vous utilisez dans votre magie, que vous soyez seul ou au sein d'une communauté.

Si j'évoque tout cela, c'est parce que j'estime que c'est une part importante de l'utilisation intègre de la magie. Je ne peux pas vous dire comment traiter les gens. Ce que je peux vous assurer, c'est que le pouvoir-sur corrompt. Peut-être pas immédiatement, mais ça finit toujours par arriver. Si vous voulez avoir une vie magique longue et saine, vous feriez mieux de pratiquer les pouvoirs sains et d'éviter les malsains.

L'une des choses qui rendent le pouvoir-sur si attrayant, c'est qu'il est le seul à ne pas vous rendre vulnérable d'une façon ou d'une autre. La vulnérabilité peut être terrifiante si vous avez passé votre vie à l'éviter. C'est une attitude compréhensible, mais en évitant de regarder au fond de soi et de trouver ses points faibles, on peut devenir réservé et distant d'une manière qui conduit ensuite tout droit à des comportements de pouvoir-sur.

Chacun possède sa propre boussole morale, et chacun utilise sa magie comme bon lui semble. Je ne peux pas vous imposer un chapitre d'éthique qui prônerait « vous devez faire ceci, vous ne devez pas faire cela », mais je peux laisser entendre qu'une fois que vous avez reconnu votre pouvoir, vous devez décider de la façon de l'utiliser. Voulez-vous être une personne pleine d'assurance avec laquelle il est facile de travailler, ou bien quelqu'un qui exerce sa magie pour avoir de l'influence et jouir d'un respect inspiré par la crainte ? C'est simplement quelque chose à garder à l'esprit.

OUTILS

Dans ce livre, j'ai choisi de parler des outils magiques avec lesquels j'ai le plus d'expérience et de chance. Je les emploie quasi quotidiennement et je m'aperçois que plus je les utilise, mieux ils fonctionnent. Il y a des outils courants et faciles à obtenir à l'instar des herbes et autres plantes, des objets de *scrying*[13] tels que des boules de cristal, des bols d'eau et des miroirs à *scrying*, et enfin, des outils rituels de Wicca et d'autres pratiques comprenant entre autres des athamés, des pentacles, des coupes, des cloches, des baguettes ou des chaudrons.

13 Pratique divinatoire consistant à plonger son regard dans un objet ou élément (miroir, boule de cristal, étendue d'eau, fumée d'encens…) pour y lire des messages.

Quelques-uns des outils les plus chouettes que j'ai vus se trouvaient dans la maison d'un homme qui faisait des lectures de tarot depuis bien longtemps. J'y ai vu un bol de *scrying* réalisé à partir d'un crâne humain qui lui avait été offert par un homme saint au Tibet. J'ai vu le jeu de cartes de tarot qu'il lisait depuis plus de soixante ans, rafistolé avec du scotch, jauni et effacé à tel point que lui seul savait quelle carte était laquelle. J'ai vu des os à lancer. Une chaise utilisée par les membres de la Golden Dawn. Des livres vieux de plus d'un siècle. La seule chose dont il se servait régulièrement, c'était son jeu de cartes. Le reste se contentait d'être là, inutilisé et inutile, si l'on omet son intérêt historique exceptionnel. Si vous ne vous servez pas de vos outils, demandez-vous si vous en avez vraiment besoin.

J'ai vu de magnifiques bols chantants et couteaux magiques si vieux et usés qu'ils étaient aussi fins que des aiguilles. J'ai vu des figurines Pop© de Wonder Woman honorées sur des autels. J'ai tenu des rosaires qui vibraient d'énergie dans mes mains. J'ai vu un quartz transparent, que j'avais offert à mon père pour le protéger dans son travail de policier, devenir gris, puis noir, avant de se fissurer et de se briser en morceaux.

J'ai senti l'énergie d'une maison changer quand le propriétaire en a balayé le sol, l'a nettoyé avec de l'eau de Floride et a jeté les poussières dehors. L'énergie s'est élevée et est devenue plus propre et plus chaude. J'ai vu des visages se modifier à la lumière de la bougie ou après avoir lu une carte.

Ces outils peuvent être importants et peuvent faire la différence. Cependant, ils ne devraient pas être pour vous source d'inquiétudes financières ; ce n'est pas leur but.

Si vous n'avez pas les moyens d'acheter des outils, n'hésitez pas à créer les vôtres. Il est capital de se rappeler que la première baguette magique était un doigt tendu. Ne laissez pas votre situation financière ou un manque d'accessibilité vous empêcher d'avancer dans votre travail magique.

Les outils ne sont pas magiques. Ils n'ont rien de spécial. Tout comme les cartes de tarot ne sont que des bouts de papier, les outils magiques ne sont que des outils. La magie est renfermée dans la personne qui tient ceux-ci.

Le chapitre 4 fournira davantage d'explications sur les objets et outils magiques et vous donnera une meilleure idée de ce que vous pouvez utiliser.

RÉSULTATS

Comment savez-vous quand votre magie a fonctionné ? Comment mesurer le temps et l'énergie mobilisés et les comparer aux résultats ? La meilleure réponse, qui est aussi la plus simple, c'est de tenir un journal. Vous pouvez commencer au début du processus avec un résumé de ce que vous voudriez voir changer dans votre vie. Décrivez ce que vous avez fait dans l'élaboration des sortilèges, puis toutes les deux ou trois semaines, notez les changements que vous avez provoqués. Dans les traditions wiccanes, ce cahier s'appelle un « Livre des Ombres ». Il suit votre avancée dans votre vie magique et il vous aide à déterminer ce qui fonctionne ou non pour vous. Je n'utilise pas d'herbes et je ne suis pas du tout une sorcière de cuisine, mais j'adore les cristaux et les bougies. J'ai découvert cela en essayant des sorts avec de la lavande et en me rendant compte que je déteste VRAIMENT la lavande. En plus, je finis toujours par tuer les plantes d'intérieur.

Une autre façon d'évaluer ses résultats consiste à demander à ses amis proches en quoi est-ce que sa vie a changé sur une période donnée. Nos amis proches ont une vision que nous ne pouvons pas avoir. Il est difficile de distinguer le labyrinthe quand on se trouve en plein milieu. Envisagez ça comme le fait de demander à quelqu'un si ça se voit que vous avez fait de la musculation. Est-ce que vos bras sont plus musclés ? Est-ce qu'il voit un changement au niveau du domaine dans lequel vous exercez votre magie, quel qu'il soit ?

REPRENDRE CE QU'ON DONNE

Parfois, on lance un sort et on découvre ensuite quelque chose qu'on ignorait. Peut-être que la personne envers qui vous étiez furieux n'était pas celle à l'origine du problème. Peut-être que l'emploi qui vous obnubilait totalement a été éclipsé par une toute nouvelle opportunité. Alors, vous avez cette magie en suspens quelque part, mais votre intention a changé.

D'après ce que j'ai pu constater, ce qui fonctionne le mieux, c'est de défaire cette magie. Si vous avez écrit le sort, brûlez-le. Si vous avez fait des nœuds, dénouez-les. Vous avez le pouvoir de déconstruire ce que vous avez construit. L'important est d'employer la même intensité que lorsque vous avez cristallisé le sort. J'ajoute toujours une excuse à l'égard de l'univers et je m'efforce d'être plus prudente à l'avenir. Ça ne marche pas systématiquement, mais j'essaie.

INTUITION

L'intuition, c'est ce tiraillement au fond de vous qui vous dit ce qui va se passer. C'est comme une radio à la recherche d'une station. Vous entendez l'énergie tout autour de vous, vous la devinez et la sentez. Il en a toujours été ainsi, mais vous devez désormais apprendre à interpréter tout cela.

C'est ce qui vous souffle l'identité de la personne qui s'apprête à vous appeler avant que votre téléphone ne sonne. Ce sont les rêves qui vous montrent un aperçu de ce que cache votre avenir, et la sensation que vous avez quand vous rencontrez quelqu'un qui a de mauvaises intentions envers vous. C'est l'origine des poils qui se dressent sur votre nuque. C'est un sixième sens. Dans son livre *La Force de l'intuition*, Malcolm Gladwell appelle cela « la cognition rapide »[14]. La précognition est la divination par la capacité psychique à voir le futur, y compris des

14 Gladwell (Malcolm), *La Force de l'intuition : prendre la bonne décision en deux secondes*, trad. Danielle Charron, Robert Laffont, Paris, 2006.

rêves qui se réalisent. Une prémonition est un avertissement concernant un événement à venir. L'intuition est la façon qu'a votre corps de vous faire parvenir ces messages.

Ça ne se passe pas uniquement dans votre esprit, alors il est important d'inclure votre corps et votre conscience dans votre pratique de l'intuition. Quand vous sentez un tiraillement ou une sensation dans votre corps, préoccupez-vous-en. Parfois, quand j'ai un éclair d'intuition, je sais immédiatement d'où il vient. D'autres fois, il me semble sorti de nulle part, et je ne distingue aucun lien.

Savoir lire une personne est aussi une compétence sur laquelle vous pouvez travailler dans vos pratiques intuitives. J'arrive très bien à cerner les gens. Les fois où j'ai ignoré mes sentiments initiaux vis-à-vis d'une personne, ça s'est toujours mal passé. J'analyse le langage corporel ainsi que le visage des gens. Je vois si leurs expressions du visage correspondent à ce que j'observe dans leurs yeux. C'est en partie de la pratique et en partie une habitude.

Lorsque vous faites de la magie et que vous décidez où pointer votre baguette, écoutez d'abord votre intuition. Chacun en possède. Absolument tout le monde. Certaines personnes sont plus connectées à la leur que d'autres, c'est tout. Cela fait plus de trente ans que je travaille avec des cartes de tarot, alors je fais travailler mon intuition presque quotidiennement. C'est vraiment comme un muscle : plus vous vous en servez, plus elle se renforce.

Voici quelques trucs de base que vous pouvez effectuer pour améliorer votre intuition :

- Faites-vous confiance. On nous dit souvent qu'on a tort, qu'on réagit de manière excessive, qu'on est instable, ou toute autre forme de *gaslighting* qu'on peut nous seriner. Le plus souvent possible, consultez-vous vous-même d'abord et interrogez ensuite d'autres personnes si besoin.
- Testez-vous. Notez vos premières impressions, vos pressentiments et inspirations. Peut-être pensez-vous à une chanson et l'entendez-vous ensuite à la radio. Si vous tenez un journal, vous pouvez dresser une liste des moments où cela se produit. Plus vous remarquez votre intuition, plus elle s'affirmera.
- Lancez-vous des défis. Écrivez ce que vous pensez qu'il va se produire dans une situation donnée. Pas forcément dans votre vie ; il suffit que ce soit quelque chose dont vous êtes sûr de voir le résultat. Qui va gagner un Oscar ? Qui va être vainqueur du match ? Est-ce que quelqu'un va gagner au loto ? Couchez sur papier vos prédictions, puis ce qui s'est produit. Relatez la façon dont vous avez reçu l'information. Est-ce que vous l'avez entendue, est-ce que vous avez vu quelque chose ? Entraînez-vous à observer comment fonctionne votre intuition.
- Faites preuve de discernement. Parfois, un rêve n'est que votre cerveau en train de

balancer des absurdités contre un mur pour voir ce qui s'y accroche. Si vous tirez le Trois d'Épée, je considère que c'est normal d'être vigilant ce jour-là, mais pas de s'enfermer chez soi. Si vous avez l'impression de ressentir un éclair d'intuition au sujet de quelque chose, tournez-vous d'abord vers le monde réel. Est-ce possible ? Est-ce probable ?

- Trouvez-vous un confident. Moi, je dis absolument tout à mon mari. C'est mon meilleur ami, alors je ne peux pas m'en empêcher. Je lui ai raconté qu'à un concert, j'avais vu dans ma tête quelqu'un chuter dans l'allée, et que quelques secondes plus tard, une personne juste à côté de moi est tombée par terre. Quand vous parlez de ce genre de choses, non seulement cela renforce votre intuition, mais cela vous permet aussi de confirmer votre don auprès d'amis.
- Écoutez votre corps. Si vous êtes malade ou fatigué, vous ne serez pas aussi capable d'interpréter clairement votre intuition.
- Prêtez attention à la pièce dans laquelle vous vous trouvez. Est-ce un lieu habité par de fortes émotions ? Un funérarium, un hôpital, un dortoir ? Est-il rempli de gens grincheux ? D'enfants en bas âge ? Tout endroit empli d'émotions fortes va vous rendre plus vulnérable à une surcharge empathique. Quand vous vous retrouvez dans une telle situation, ancrez-vous, recentrez-vous et protégez-vous. Vous apprendrez à le faire dans le chapitre 3.

- Apprenez à faire le point avec vous-même et avec votre intuition. Ce que je veux dire par là, c'est : prenez note de l'éclair d'intuition que vous avez reçu, examinez-le, puis décidez quoi en faire.

Une fois, alors que je déjeunais avec un ami, j'avais une sensation écrasante et persistante de crainte. Je ne parvenais pas à saisir ce qui n'allait pas, mais j'étais au bord des larmes. J'ai demandé à mon ami s'il allait bien, et il a dit oui. J'ai regardé tout autour de moi et tout le monde avait l'air de bien se porter. Après le déjeuner, j'ai repris ma voiture et sur la route, j'ai vu qu'un terrible accident de voiture s'était produit tout près de là où nous avions mangé. J'ignore si ces deux événements sont liés. C'est l'un des aspects chouettes de l'intuition : parfois, on ne sait pas. Tout ce dont je suis sûre, c'est que la sensation a cessé dès que j'ai remarqué l'accident. Cela m'est aussi arrivé avec des clients qui ont des problèmes médicaux. Quand je leur demande : « Est-ce que vous avez mal à la tête ? La mienne me fait mal », ma douleur s'évanouit dès qu'ils me répondent par l'affirmative.

MÉFIEZ-VOUS DE LA PENSÉE MAGIQUE

Il est possible de se perdre dans la pensée magique. Tous les événements négatifs ne sont pas des mauvais présages. Tous les signes ne sont pas des *signes*. La vie nous réserve parfois des difficultés, c'est tout.

Il est possible de rester pétrifié d'angoisse ou de déprime après une mauvaise journée prise pour un éclair d'intuition.

On peut tellement s'absorber dans la quête du sens de la vie au travers de feuilles de thé ou de cartes de tarot qu'on en oublie que la vie est faite pour être vécue. Il est facile de se laisser distraire par les présages et les signes et d'oublier de payer la facture de téléphone. La magie est un outil qui doit être utilisé en parallèle des autres outils que vous possédez dans cette vie : votre intellect, votre perception de vous-même et votre bon sens. Ces éléments sont des ressources clés qui sont plus fiables que votre intuition si vous êtes bouleversé, en colère ou effrayé.

Si vous faites face à un dilemme, ne vous tournez pas immédiatement vers la magie, mais faites plutôt appel à votre logique. Demandez des conseils à un ami et recherchez un point de vue différent. Vous pouvez parfaitement remettre en question votre intuition. Faites-le en sollicitant une seconde opinion, même si vous la trouvez dans votre pendule ou vos cartes de tarot. Prenez votre intuition au sérieux, mais reconnaissez qu'elle ne représente pas la réponse à tous vos problèmes.

Le prochain chapitre parle de trouver son espace calme. C'est une pratique utile aussi bien pour affronter les aléas de la vie que pour se préparer à lancer un sort. Le fait de vous calmer, de vous vider l'esprit et d'analyser les problèmes qui vous attendent peut également vous aider à résoudre vos soucis terre-à-terre. Aucune magie requise !

Vous êtes désormais en train de constituer votre boîte à outils magiques. Que pouvez-vous tirer de vous-même et de l'espace qui vous entoure ? Vous êtes littéralement en train de vous équiper pour prendre votre vie en main. Assurez-vous que vos outils soient affûtés, propres et significatifs. Assurez-vous de les avoir en main dans un but précis. Soyez sûr de vous.

n°3

Espace calme

ET RITUEL

Quand vous pénétrez dans un temple ou une église, il y a un endroit à l'avant du bâtiment que vous savez être sacré aux yeux de ceux qui viennent se recueillir ici. Même s'il ne s'agit pas de votre religion, vous savez instinctivement que c'est là que vit leur foi. C'est le point de mire de l'espoir, de la croyance, de la peur et de la rage : tous ces sentiments pointés dans cette même direction ; la répétition des prières dirigées vers cet endroit. Les psaumes, les chants, les intentions et les croyances... tout cela est orienté vers un lieu unique, depuis des dizaines d'années.

Cette concentration du banal et de la magie a un effet sur les lieux. L'énergie est agitée en permanence. Les émotions peuvent rendre un endroit sacré.

J'ai créé mon propre autel par accident. J'avais un bougeoir avec un petit renard dessus ainsi que des jolis coquillages et pierres. Ils ont vite été rejoints par une statue de la Vierge noire. Ainsi, mon autel s'est agrandi de manière naturelle, et plus j'étais à l'aise avec mon identité de sorcière, plus il occupait une partie importante de ma vie. Mes enfants se sont mis à y ajouter des objets, et l'entretien comme le maintien de cet espace sont devenus importants pour nous tous.

Ce n'est pas une nécessité d'avoir un espace sacré pour votre travail magique. J'ai des amis qui pratiquent leur culte en extérieur et qui ne laissent aucune trace de leurs sorts une fois qu'ils les ont accomplis. Cependant, cela peut vous fournir un port d'attache et un espace où restaurer votre énergie. Pourquoi les gens vont-ils à l'église ? Pour se sentir mieux, avoir l'impression d'être chez eux, pour trouver un réconfort dans le rituel et dans les rythmes familiers des visions, des odeurs et des sons qu'ils ont toujours connus. Voilà l'espace que nous allons créer.

Il y a une expression que j'ai vue circuler récemment : on dit qu'une personne « garde l'espace » pour la douleur ou le chagrin d'une autre. Par exemple, votre autel vous « garde l'espace » pour que vous puissiez être calme et créer de la magie.

Dans les sorts que je vous propose, vous trouverez l'instruction « allez dans votre espace calme ». Il y a plusieurs raisons à cela. D'abord, vous avez besoin de vous concentrer. Ensuite, plus vous utilisez un espace pour y faire de la magie, plus il devient consacré. Avec ça en tête, trouvez dans votre maison un lieu où vous pouvez vous asseoir confortablement, sans distractions. J'aime faire de la magie à mon bureau. Je vérifie que mon téléphone est en mode silencieux, que mon ordinateur est éteint et que tous mes animaux sont calmes. J'attends généralement que ma famille soit sortie ou endormie. J'ai une chaise confortable, des bougies, des huiles et d'autres outils rangés à proximité, et suffisamment d'espace pour faire de la magie tangible, quelle qu'elle soit. Je fais de la magie à mon bureau et quand j'ai terminé, je dépose sur mon autel les bougies, les pierres ou tout autre outil que j'ai utilisé.

C'est mon espace calme physique. Pour trouver ma paix mentale, je commence par m'assurer d'avoir à portée de main tous les outils dont je vais me servir et par les disposer devant moi telle la mise en place d'un chef cuisinier.

Avant de commencer un sort, j'ai recours à mon appli de méditation pendant au moins dix minutes. Quand je médite, je n'aime pas penser à la magie que je prévois de faire ; je préfère apaiser mon esprit. Je me concentre sur ma respiration, rien d'autre, et quand j'ai terminé, je suis entièrement concentrée sur ma magie.

Trouvez dans votre maison un endroit qui fonctionne pour vous. Si vous n'êtes pas chez vous, vous devrez cultiver un lieu calme où que vous soyez. Vous trouverez ci-dessous des idées pour des autels de voyage et des autels cachés.

Il existe dans le monde des lieux où l'on a l'impression que la magie a toujours vécu. Dans les montagnes du Nouveau-Mexique, dont certaines sont réputées avoir un noyau en quartz pur, on ressent les vibrations de la Terre. À Venice Beach, si vous restez assis sans bouger suffisamment longtemps, le rythme de votre cœur va se calquer sur celui des vagues. J'ai entendu dire que lorsqu'on se trouve à Newgrange, en Irlande, on perd toute notion du temps. C'est comme si toutes ces années de croyance s'étaient emmagasinées dans ces lieux et attendaient que vous puisiez dedans.

PRIÈRE

La prière vous aide à créer votre intention. Cette dernière est une partie importante de la magie. La seule différence que je vois entre prière et intention, c'est que la prière semble tendre une main vers quelqu'un pour lui demander de se joindre à vous dans votre magie : « Cher/chère dieu, déesse, dame, univers, ancêtre, je te prie d'intercéder en ma faveur si tu le peux, et de m'aider à traverser cette épreuve ou à atteindre ce but. »

Je ne pense pas que vous ayez besoin d'appartenir à une certaine tradition religieuse pour prier. J'ai un lien fort avec Marie, pourtant, je ne suis pas chrétienne. Ses icônes et symboles ont toujours été là pour moi, et je crois réellement que Dieu se montre aux gens d'une façon qu'ils peuvent comprendre. Si vous avez l'impression que quelqu'un veille sur vous, tant mieux. Ça m'est égal qu'il s'agisse de Jésus, de Wonder Woman ou de Freya. S'il y a une personne à laquelle vous vous identifiez, déterminez pourquoi et lesquelles de ses caractéristiques vous attirent. Généralement, ce sont des traits que vous avez remarqués chez des gens que vous admirez ou bien des qualités que vous vous efforcez personnellement d'avoir.

Le monde est trop isolé et déconnecté pour que vous ressentiez de la honte ou de la réticence à l'idée d'accueillir à bras ouverts quelqu'un qui vous réconforte. Toutefois, je vous encourage à être respectueux et à vous renseigner sur l'histoire et la culture de la personne que vous voulez prier.

Certaines personnes n'ont pas grandi dans un environnement religieux et peuvent ne pas savoir comment prier. C'est presque pareil que la façon de se rendre dans son espace calme. Le fait de ritualiser votre prière peut vous aider à demeurer cohérent dans votre pratique. Voici la manière dont je prie le plus efficacement :

- Fermez les yeux. Cela limite les distractions.
- À haute voix ou dans votre tête, nommez l'entité à laquelle vous vous adressez. Cela donne un début clair à la prière.
- Commencez une conversation. Nul besoin d'être cérémonieux si vous n'en avez pas envie. La relation que vous avez avec cette formaliste n'appartient qu'à vous.
- Contrôlez la conversation. Le contenu de la prière dépend de vous. Un échange n'est pas nécessaire si vous demandez quelque chose. Ce n'est pas une négociation. Vous pouvez demander à être examiné attentivement, à ce qu'on vous donne de la force, à voir clairement… Vous pouvez aussi simplement dire bonjour.
- Dites quelque chose pour clore la conversation : « Merci », « Je t'aime », etc.

Voici un exemple de ce que je prononçais le soir après avoir bordé mes enfants dans leur lit : « Coucou, univers. S'il te plaît, aide-les à rêver à de belles choses et veille sur eux pour les protéger. Amen. »

Simple, direct, facile à se remémorer.

En voilà un autre que j'ai en tête depuis que je suis petite : le premier couplet de *Be Not Afraid*. C'est une chanson, mais je l'utilise comme prière.

La prière n'est pas obligée de s'adresser à qui que ce soit. Sa mission est de vous faire vous sentir mieux.

Dans son livre *Une Terre à la dérive*, Madeleine L'Engle a recours à ce qu'elle appelle la « rune de saint Patrick » afin de donner du courage et des conseils à ses personnages. Attribué à saint Patrick, ce poème est une vieille prière celte qui trouve un écho en moi. Elle me paraît tout simplement sacrée.

À Tara aujourd'hui, en cette heure fatidique,
Je mets tout le Ciel et sa puissance,
Et le soleil éclatant,
Et la neige immaculée,
Et le feu si puissant,
Et l'éclair à la vive fureur,
Et les vents si rapides le long du sentier,
Et la mer aux grandes profondeurs,
Et les rochers tant escarpés,
Et la Terre si désolée,—
Tout cela, je le mets,
Par l'aide et la grâce toutes-puissantes de Dieu,
Entre moi-même et les puissances de l'obscurité.[15]

15 MANGAN (James Clarence), « St. Patrick's Hymn before Tarah », *Library of the World's Best Literature*, vol. 17, lignes 39–51, The International Society, New York, 1897. (Citation traduite par Clélia E. Rubière.)

Je voulais évoquer la prière dans ce livre, bien qu'il soit censé parler de magie et non pas de religion, parce que je veux que ceux qui ont vécu loin de la religion soient suffisamment à l'aise pour décrocher le téléphone et parler à quiconque répondra à l'autre bout du fil. Assurez-vous de vous adresser à des gens qui vont vous aider et non pas vous faire du mal, mais à part ça, je pense que la prière nous donne l'impression d'être moins seuls.

— RITUEL —

Un rituel est une cérémonie comportant une série d'actions accomplies dans un ordre spécifique. C'est là tout le poids que vous devez conférer à ce mot. Un rituel peut être beaucoup de choses différentes. On en trouve dans chaque religion, chaque équipe de sport, chaque tâche du quotidien. Le brossage des dents est un rituel. Vous le faites de la même façon depuis que vous êtes enfant. Mouiller la brosse, mettre du dentifrice, brosser, rincer, ranger la brosse.

Cela fait du brossage de dents une tâche machinale. C'est positif, puisque vous avez moins de risques de vous tromper. Vous avez acquis la bonne mémoire musculaire pour vous brosser parfaitement les dents. Vous pouvez l'enseigner à quelqu'un avec très peu d'efforts, ou bien vous plonger dans une méditation calme en plein milieu de cette tâche. Vous êtes également confiant sur votre capacité à réaliser cette activité correctement.

Ce sont là toutes les raisons pour lesquelles le rituel est important en magie. Évidemment qu'on peut faire de la magie au pied levé (c'est pareil que de respirer), cependant, si vous êtes déterminé à provoquer un changement dans votre vie, vous avez besoin d'une familiarité avec vos outils, d'un début, d'un milieu et d'une fin, ainsi que de mouvements assurés, ce qui vient avec la pratique.

La magie est comme n'importe quelle autre compétence. Pour y être bon, il faut s'entraîner et étudier. Plus vous y consacrez de temps, meilleur vous deviendrez. Il y a une théorie selon laquelle on devient maître d'une tâche après l'avoir effectuée pendant dix mille heures. Je sais que c'est vrai pour moi. En tarot, en tant que parent ou qu'épouse, j'ai dû donner de mon temps et de mon énergie afin d'apprendre à m'améliorer. Il en va de même pour la magie. Une pratique quotidienne ou mensuelle, voilà ce qui est nécessaire pour que vous parveniez à atteindre votre plein potentiel.

Voici ma méthode pour créer un rituel. Elle est à la fois facile et compliquée. Ça marche aussi bien pour les grandes magies que pour les petites, et vous pouvez adapter le rituel selon vos désirs.

1. Éloignez toute distraction.
2. Nettoyez votre espace de travail.
3. Servez-vous d'encens ou d'autres herbes pour purifier l'énergie de l'espace.
4. Disposez vos outils.
5. Dessinez un cercle autour de vous.
6. Ancrez-vous et recentrez-vous, méditez, ou les deux.

7. Commencez le sortilège.
8. Terminez le sortilège.
9. Brisez le cercle.
10. Rangez les outils.
11. Dissipez l'énergie que vous avez rassemblée.

Vous allez avoir besoin d'un espace aussi vide de distractions que possible. Vous pouvez recopier cette liste (j'oublie toujours la dernière étape) jusqu'à ce que vous l'ayez bien en tête. Vous pouvez vous entraîner avant de lancer le sortilège pour de vrai. Assurez-vous d'avoir tous vos outils. Rassemblez vos pensées, maîtrisez votre respiration et donnez au processus le respect qu'il mérite.

Malgré d'éventuelles distractions, votre intention est l'élément le plus important du rituel. Plus jeunes, mes enfants enfilaient leur pyjama à l'envers et jetaient des glaçons dans les toilettes avant de tirer la chasse, dans l'espoir qu'il neigeât le lendemain et qu'il n'y eût pas école. Ce rituel est tout aussi important que n'importe quel autre que l'on trouverait dans une église. Quand ça fonctionnait et que le lendemain, les cours étaient annulés, j'entendais des : « Ça a marché ! On a réussi ! » Ils validaient l'efficacité de leur sort. Quand ça ne marchait pas, ils réfléchissaient ensemble à des étapes qu'ils pourraient ajouter au rituel afin d'être certains d'obtenir de la neige la prochaine fois.

C'est pareil pour nous. Lorsque nous ritualisons quelque chose dans notre journée, nous y apportons du calme et une sacralité. Tout comme le fait de mélanger les cartes avant une lecture de tarot calme le lecteur et le met dans un bon état d'esprit, avoir en tête un modèle familier d'activité avant d'accomplir un sortilège vous aidera.

Une autre partie importante du rituel consiste à chasser de votre travail les émotions néfastes. Je suis une grande fan de la colère. Elle brûle l'apathie et est une puissante motivatrice. Toutefois, elle va aussi dérégler votre concentration et inonder votre cerveau de sentiments. Grrr. Ces derniers sont extrêmement importants, mais ils ne sont pas les bienvenus à certains moments ou dans certains lieux. La création et la manifestation de votre destinée tout entière n'est pas le bon moment pour utiliser votre colère. Le fait de suivre un rituel établi (pensez à vous entraîner !) vous aidera à mettre de côté vos émotions afin de pouvoir réellement vous concentrer sur votre travail.

Szeptem est un mot polonais qui signifie « dans un murmure » ; c'est une façon d'envoyer un sortilège par les vents. Ce mot sert à enchanter des objets. Je l'ai appris en voyant mes grands-parents polonais chuchoter des prières. Je les ai regardés faire pendant des années. Parfois, c'était un juron qu'ils marmonnaient dans leur barbe. J'ai découvert il y a quelques années qu'ils avaient probablement appris ça de leurs parents, qui l'avaient eux-mêmes appris de leurs propres parents, et ainsi de suite. Des rituels comme ceux-ci, qui se perpétuent sur des générations, ont perduré pendant longtemps pour la simple et bonne raison qu'ils fonctionnent.

Dans votre travail, vous pouvez éliminer toutes les distractions intérieures en psalmodiant, en méditant ou en ritualisant, et essayer de minimiser l'effet des distractions extérieures. En faisant cela, vous vous apercevrez que votre corps est calme, votre souffle régulier, et votre concentration totale.

Créer un cercle

Parlons de l'espace dans lequel vous travaillez. La création d'un cercle est un point important de la pratique wiccane (je parle sans cesse de la Wicca, parce que c'est une pratique magique bien connue). Le cercle permet de contenir l'énergie avec laquelle vous travaillez. Il maintient certaines choses à l'extérieur et d'autres à l'intérieur, et il crée un espace sacré. Les cercles peuvent être réalisés avec la lumière d'une bougie, formés par une ligne de sel ou de bougies, dessinés avec de l'encens ou par un petit doigt tout sale, ou encore imaginés.

Je nettoie entièrement mon autel, en retirant toutes les pierres, babioles et statuettes. Je l'essuie et j'allume une seule bougie que je place en son centre. À la fin du sortilège, j'en allume une autre pour refermer le cercle et je laisse les deux bougies brûler complètement. Je trace un cercle en songeant au feu. J'ai des amis qui invoquent les points cardinaux de manière traditionnelle et qui placent des bougies au nord, au sud, à l'est et à l'ouest. Je connais des gens qui visualisent une bulle les entourant totalement et qui travaillent à l'intérieur de celle-ci. C'est utile d'avoir un début et une fin bien nets dans votre création de sortilèges, et c'est pourquoi je vous encourage à essayer différentes méthodes pour délimiter votre espace de travail afin de voir ce qui fonctionne pour vous.

INTENTION

Je pense que la prière est un petit rituel que vous pouvez pratiquer afin de recentrer votre esprit et de calmer votre âme. Pour renforcer votre prière, vous pouvez y associer un rituel. Vous pouvez la ritualiser afin de créer un mantra qui vous portera au travers du rituel. Essayez toutes les techniques et voyez ce qui fonctionne pour vous.

Prière + Rituel = Intention

Plus votre intention est exposée clairement, plus votre magie sera forte. Par exemple, votre intention peut être « je veux être riche ». Bon, super. Mais on peut devenir riche à la suite d'un divorce, en recevant un héritage d'un parent décédé, ou encore des indemnités après un accident de voiture.

Soyons plus spécifiques.

Vous avez besoin d'argent et vous voulez qu'il vous parvienne d'une manière qui ne nuise à personne. Il faut vous concentrer sur ce que l'argent va faire pour vous, pas le simple fait d'en avoir, alors exposez votre intention ainsi : « Je pourrai toujours répondre à mes besoins. Je suis plein de reconnaissance, je reçois avec plaisir l'argent qui me trouvera, et avec lui je ferai ___________. Je serai enchanté de recevoir des bénédictions de l'univers, si cela ne blesse personne. »

Ce genre de précision dans les mots et les pensées apparaît d'innombrables fois dans les contes de fées et dans les histoires. Vous rencontrez une créature magique, faites le vœu d'avoir de l'or, puis tout ce que vous touchez se transforme en or. Vous avez envie de dormir, et vous finissez par ne vous réveiller qu'un siècle plus tard. Vous demandez de l'aide et promettez votre futur à celui qui vous assistera, et en échange, il vous prend votre enfant. Les contes de fées – du moins, les originaux – servent d'avertissement : ils mettent en garde contre l'autre monde et vous préviennent que les fées peuvent vous jouer des tours si vous vous adressez à elles avec des mots inadaptés.

Vous pouvez encourager l'argent à vous trouver grâce à quelques sorts que vous découvrirez plus loin dans le livre, mais votre intention est extrêmement importante. Soyez clair et cohérent.

En outre, n'oubliez pas votre éthique. La croyance crée des mots, qui, eux, entraînent des actions. Toutes ces étapes s'appuient sur la suivante afin de changer les choses. En magie, il faut aller au bout des choses. Ce n'est pas de la magie efficace que d'oindre et d'allumer une bougie de prospérité avant de partir en virée shopping. C'est un gaspillage de matière première et de votre temps.

VOTRE AUTEL

Un autel est n'importe quelle surface plane servant de point central à votre travail magique. Vous pouvez en acheter ou en construire un sur une étagère. J'ai eu pour autel une vieille table à téléphone, une étagère, et actuellement, le dessus d'une bibliothèque. Je rafraîchis mon autel en fonction des cycles de la lune. L'idéal est d'en avoir un chez vous si vous faites de la magie de bougie, de la magie de nœud ou bien si vous travaillez avec des pierres ou des grilles de cristaux. Le mien est, par bonheur, hors de portée de mes chats, et n'est donc jamais dérangé. Dessus, je mets aussi des statues qui ont de l'importance pour moi. Parfois, c'est la Vierge noire, parfois ma statuette de Wonder Woman. Tout dépend de l'énergie que je veux apporter à mon travail magique. Ce mois-ci, c'est une figurine Pop© de Freddie Mercury.

Voyez votre autel comme votre bureau magique. Vous devez le garder rangé, dédié au travail que vous effectuez, et faire en sorte qu'il ne soit dérangé par personne. Vous devrez peut-être même le cacher si vos parents ou votre partenaire ne sont pas très ouverts à la magie.

Vous pouvez consacrer votre autel avec de l'huile ou bien de la fumée d'encens ou de bougie. Vous pouvez le bénir et voir l'énergie que vous construisez comme le pouls de votre foyer. Imaginez sa lumière en train de resplendir et de remplir votre maison d'un battement régulier d'amour, de protection et d'énergie. Laissez les membres de votre famille ajouter des éléments à votre autel s'ils comprennent que c'est pour vous un espace sacré.

Mon autel est passé par diverses incarnations. Il a changé de place plusieurs fois au fur et à mesure que nous avons déplacé les meubles et adopté davantage de chats. Ce qui n'était à l'origine qu'une collection de jolis bibelots est devenu peu à peu le pouls de notre maison. Personne ne pourrait prendre notre autel pour autre chose qu'un espace sacré.

Chaque mois, à la nouvelle lune, nettoyez votre autel. Essuyez-le bien et nettoyez les cendres d'encens. Ôtez toutes les pierres qui se trouvaient dessus pour se charger de bonne énergie tout le mois. Retirez les statues et dépoussiérez-les. Remerciez-les d'avoir été vos gardiennes ce mois-ci. Avec un détergent naturel, astiquez le dessus de l'autel jusqu'à ce qu'il brille, puis allumez une bougie blanche et placez-la au milieu de l'autel. Utilisez une herbe purifiante (de la sauge, du cèdre ou de la lavande) pour nettoyer l'énergie qui entoure l'autel, ainsi que l'air au-dessus, devant et même sous l'autel si possible. Laissez-le complètement vide (mis à part la bougie) pendant une journée.

Le soir même, écrivez vos objectifs pour le mois. Pas besoin d'en faire un roman. Listez-en quelques-uns qui vous aideront à vous concentrer sur vos objectifs généraux.

Objectifs pour juillet

- Aller à la salle de sport au moins cinq fois par semaine.
- Vider et ranger le placard qui essaie tout le temps de me tuer en m'envoyant des Tupperware© volants en pleine figure.
- Méditer au moins cinq minutes chaque matin.

Prenez ce papier et trouvez une pierre ou statue qui est en harmonie avec ce que vous ressentez.

Vous êtes angoissé ? Pourquoi pas un peu de jais ? Vous avez besoin de réconfort ? Vous pourriez prendre votre statuette de Notre-Dame de Guadalupe, de Guan Yin ou encore votre figurine de Perle de *Steven Universe*. Pliez votre papier en trois et placez-le sous cette figurine. Cela plante l'intention pour votre mois.

Tout au long du mois, vous allez ajouter des éléments à votre autel au fur et à mesure que vous effectuez votre magie : des bougies, de l'encens, des petits objets et des cordes nouées. Vous trouverez dans le chapitre 8 un sortilège pour un petit autel financier à poser sur votre grand autel. Plus vous collecterez d'objets, plus votre espace sera en pagaille. C'est très bien. Laissez-le ainsi. La vie est un grand bazar et votre espace de travail devrait refléter cet aspect. Faites seulement attention avec vos bougies et votre encens, et ça devrait aller.

À la nouvelle lune suivante, recommencez à zéro.

Autel de voyage

Parfois, il faut aller à Los Angeles pour une semaine et faire des lectures de tarot tous les jours, mais aussi le soir, à des fêtes. Vous laissez derrière vous non seulement votre autel, mais aussi votre famille, vos animaux de compagnie et votre environnement sécurisant. Vous devez toujours être en mode *on* et faire environ vingt lectures en sept jours, plus le trajet, ce qui vous rend extrêmement grognon. La solution ? Les autels de voyage.

Trouvez une petite boîte telle qu'une boîte à cigares et fourrez-y tout ce dont vous êtes susceptible d'avoir besoin : bougie chauffe-plats, allumettes, cône d'encens… Vous pouvez purifier l'énergie de votre chambre d'hôtel avant d'y installer un petit autel. Quand je vais dans de nouvelles villes, j'y achète toujours des pierres et je les dispose sur mon minuscule autel, là où je me trouve. Ça m'offre un petit chez-moi où je peux être calme et me poser un peu. Par contre, le personnel de sécurité des aéroports trouve ça bizarre, donc soyez prévenu si vous prenez l'avion.

Autel secret

Il est difficile de sortir du placard à balais. La magie rend les gens nerveux, et ses attributs peuvent les effrayer encore plus. Souvent, les personnes nerveuses ou angoissées peuvent péter les plombs et se montrer blessantes.

Si vous partagez votre espace de vie avec quelqu'un qui a peur de la magie, le plus sûr est de créer votre autel dans un lieu caché. Si vous pensez que ça fait de vous une sorcière moindre, souvenez-vous que l'univers vous voit et comprend ce que vous traversez. Franchement, ce n'est pas grave.

J'ai des amis et des clients qui ont créé des autels sous leur lit, dans un placard ou chez des amis. Je conseille souvent aux gens de ranger leur autel dans une boîte. Si vous avez une boîte à chaussures ou à cigares, vous pouvez la remplir de l'équipement dont vous avez besoin pour vos sortilèges mensuels. Pour travailler avec des bougies, je recommande des bougies chauffe-plats. Vous pouvez écrire sur le dessous de la bougie avec un marqueur de couleur pour faire venir l'énergie du coloris en question dans le sortilège. Emportez votre boîte dans votre sac à dos ou sac à main pour vous rendre dans un espace sécurisé où vous pourrez accomplir votre travail. Ne vous inquiétez pas si vous devez souffler votre bougie plutôt que de la laisser se consumer. Assurez-vous simplement qu'elle soit parfaitement éteinte avant de la remettre dans la boîte.

L'autel de voyage peut également être utilisé de manière secrète. Trouvez une boîte de pastilles à la menthe et conservez-y une petite bougie, des allumettes et de la craie, ainsi que quelques pierres. Quand vous avez du travail à effectuer, ouvrez-la, accomplissez votre tâche, puis refermez-la une fois le rituel terminé. Autel instantané !

Vous pouvez aussi avoir un autel numérique. Je sais que ça paraît bizarre dit comme ça, mais écoutez-moi. Stockez un document sur votre ordinateur ou une note sur votre téléphone. Vous pouvez y ajouter des images. Servez-vous-en comme d'un petit journal intime. Vous pouvez créer votre espace magique au fil du mois, et à la nouvelle lune suivante, le supprimer. La magie voyage, vous savez. Faites simplement attention à vous.

S'ANCRER ET SE RECENTRER

Pendant des années, j'ai entendu les mots « s'ancrer et se recentrer » répétés sans cesse. Ils semblaient hyper importants, mais honnêtement, je n'avais pas la moindre idée de ce qu'ils signifiaient. Il était recommandé de s'ancrer et de se recentrer avant de faire de la magie, d'effectuer une lecture de tarot ou bien de se rendre à une réunion stressante.

Par tâtonnements et en lisant beaucoup de livres, j'ai compris que ça se résumait au fait de demeurer présent dans son corps lors des moments où vous avez besoin de vous concentrer. C'est très facile de se laisser emporter par les soucis et les préoccupations, et si une partie de vous est absente, cela rend ce dans quoi vous vous embarquez plus difficile que nécessaire.

Le but de l'ancrage et du recentrage est de se calmer et d'être serein. J'imagine toujours l'émotion comme de l'eau et le cerveau comme une carte électronique. Si l'émotion inonde votre cerveau, vous allez prendre de mauvaises décisions et votre attention va se disperser. L'objectif de la magie est de prendre le contrôle de sa vie, et c'est important d'avoir les deux mains sur le volant quand vous effectuez vos sorts.

Vous pouvez faire cet exercice même si vous êtes dans un avion ou en voiture. Votre mission est de propulser votre énergie vers le bas aussi loin que nécessaire jusqu'à ce qu'elle touche la terre. Poussez votre énergie vers l'extérieur jusqu'à ce que vous vous sentiez ancré à la planète. Ensuite, vous pouvez vous détendre et savoir que vous êtes en sécurité.

Quand je parlais de se calmer et d'être serein, l'ancrage représente le côté « calme ». Il va vous permettre d'arriver à un point où toute peine que vous pourriez ressentir ou toute impulsion qui arrive vers vous peuvent être facilement écartées jusqu'à ce que vous ayez terminé votre travail.

La meilleure méditation que j'ai apprise pour m'ancrer est liée au chakra racine, celui qui se situe au niveau de votre coccyx. Il est facile de s'en souvenir, puisqu'il suffit d'imaginer un arbre en train de jaillir de soi et de pousser.

Comment s'ancrer : assis ou debout, demeurez immobile. Imaginez dans votre corps une graine qui se transforme en arbre. Je la vois généralement pousser au milieu de moi, au niveau du bas du dos pour commencer. Laissez la graine évoluer en jeune pousse, et sentez les racines descendre le long de vos jambes pour aller s'enfoncer dans la Terre. Regardez le haut de l'arbre se diviser en branches et sentez celles-ci s'allonger puis descendre en arc de cercle jusqu'à toucher le sol. Visualisez les racines qui poussent vers le bas puis remontent jusqu'à toucher la surface de la Terre. Maintenant, vous êtes encerclé par la Terre. Vous êtes réellement ancré au sol et vous allez vous sentir stable et prêt pour votre travail.

Voici quelques façons de s'ancrer rapidement :

- Mettre quelques pierres dans ses poches (ou dans son soutien-gorge).
- Manger un morceau.
- Avoir des relations sexuelles (protégées, consenties et épatantes, bien sûr).
- Caresser un animal.

- S'asseoir par terre.
- Entourer un arbre de ses bras.
- Respirer l'odeur des fleurs.
- Serrer quelqu'un dans ses bras.

Le recentrage est l'acte de devenir pleinement conscient. Vous n'êtes pas dans le passé avec de la tristesse ou des regrets ni dans le futur avec de l'anxiété et des angoisses. Vous êtes ici, dans l'instant présent. Toutes les versions de vous-même et vos pensées sont rassemblées en un seul lieu et à un même moment. On appelle aussi cela « être pleinement conscient ». La pleine conscience est un état dans lequel vous êtes entièrement présent et concentré sur ce que vous faites. On peut l'atteindre par de la méditation, et avec de l'entraînement, il est possible de parvenir à la pleine conscience en seulement quelques minutes.

Le recentrage est important en magie parce que si votre esprit est divisé, votre attention l'est aussi, et vous ne vous mettez pas à fond dans ce que vous comptez faire. L'alignement du corps, de l'esprit et de l'âme permet une meilleure magie. Souvenez-vous : pensées, mots, actions. Le fait d'avoir son esprit dans le bon état rendra votre magie plus imperméable et efficace.

L'exception à cette règle, c'est la passion, ou la magie nourrie de colère qui accueille votre chaos à bras ouverts. Vous trouverez plus loin dans ce livre un sortilège alimenté par la rage. C'est la seule fois où j'ai senti qu'il n'était pas nécessaire de m'ancrer avant d'effectuer un sort. La colère se transforme en rancœur ou en pitié si elle est trop longtemps mise de côté. Il vaut mieux la laisser sortir de manière constructive tant qu'elle est récente.

Il existe de nombreuses façons d'apprendre à se recentrer, mais l'objectif est toujours le même : être dans son espace calme. Cela prendra une forme un peu différente pour chacun, alors je vais faire aussi générique que possible.

« L'espace calme », c'est vous avec l'esprit calme, l'intention nette, et la main qui ne tremble pas. Vous n'êtes pas distrait, vous ne vivez ni dans le passé ni dans le futur. Vous êtes concentré et vous n'accordez pas d'attention à toutes les pensées qui vous passent par la tête. Vous êtes présent. C'est le point de départ. C'est votre espace calme.

Il y a plusieurs manières d'entrer dans votre espace calme. Essayez-les toutes jusqu'à ce que vous en trouviez une qui fonctionne pour vous.

Concentrez-vous sur un objet. Par exemple, si vous utilisez une bougie dans un sortilège, intéressez-vous à elle avec tous vos sens. Que sent-elle ? Quelle sensation cela vous procure-t-il de la tenir dans vos mains ? Quel est son poids ? Combien de couleurs se mêlent dans la cire ? Pendant cette observation, régulez votre respiration. Quand une pensée vous traverse l'esprit, contentez-vous de la laisser partir comme elle est entrée.

Le Dr James Doty suggère une excellente technique de pleine conscience dans ses méditations, qui sont enseignées dans son livre *La Fabrique des miracles*[16]. Je l'ai adaptée ci-dessous :

- Trouvez votre espace calme (voir page 81). Assurez-vous de ne pas être interrompu.
- Vérifiez que vous êtes calme dans votre tête, votre corps et votre esprit.
- Déterminez votre intention pour cet exercice : que voulez-vous ?
- Imaginez que vous êtes à l'extérieur de votre corps, en train de vous regarder.
- Commencez par détendre vos orteils un à un. Faites cela avec vos pieds, vos jambes, puis remontez jusqu'au sommet de votre crâne.
- Si vous vous déconcentrez, recommencez par les orteils. Songez à chaque groupe de muscles en train de se détendre. N'oubliez pas de respirer.
- Ressentez-vous en train de vous ancrer et de vous recentrer dans votre espace calme.
- Tout en progressant vers le haut de votre corps, songez à ce que vous voulez voir se produire. Imaginez quelle sensation cela vous donnera, quels seront son goût et son odeur. Visualisez-vous le recevant.

16 Doty (James), Chambon (Perrine), Baignot (Arnaud), Ricard (Matthieu), *La Fabrique des miracles : la quête d'un neurochirurgien pour percer les mystères du cerveau et les secrets du cœur*, Flammarion, Paris, 2017, 270 p.

- Restez dans cet état d'esprit le plus longtemps possible.
- Vous allez avoir l'impression de flotter un peu ; vous pourriez même vous endormir. Pas de problème. Laissez-vous porter.

Accrochez-vous à cette sensation tout le reste de la journée.

Quand vous êtes dans cet espace, la magie vient facilement ; la cristallisation de l'intention aussi. Vous pouvez atteindre cet état assez rapidement avec de l'entraînement, et vous pouvez fixer des intentions qui fonctionnent. Vous pouvez aussi créer cet espace sécurisé quand vous n'êtes pas chez vous. Essayez de générer un champ de calme autour de vous. Vous n'avez pas besoin de partir comme Glinda la bonne sorcière, mais c'est bien si vous pouvez visualiser vos limites. J'imagine mon aura – l'énergie qui entoure tout ce qui vit – m'envelopper d'un bouclier d'adamantium ou de vibranium (oui, je suis une geek). Je fais cela quand je suis dans un endroit qui me met mal à l'aise. Comme je suis une personne assez anxieuse, ça m'arrive souvent. Avant d'entrer dans un magasin, je reste assise dans ma voiture et je crée ma bulle. Je revêts mon costume d'aura et je me jette à l'eau. J'ai mes écouteurs, mon partenaire ou mes enfants avec moi et je me concentre sur l'obtention de ce dont j'ai besoin, puis, sur la sortie. Quand je reviens à la voiture, je laisse ma bulle éclater. Parfois, je la sens se dégonfler physiquement. Ça me rend très heureuse de l'avoir eue avec moi.

Je donne aussi de petites bénédictions à mes enfants et à mes proches en traçant des cœurs ou des sigils protecteurs sur eux quand je les serre dans mes bras. J'utilise l'énergie de l'espace calme pour leur transférer de mon amour. Dans ma tête, ça scintille.

Arbre pour s'ancrer

Avez-vous déjà eu l'impression d'avoir tellement d'énergie en vous que vous alliez exploser ? Parfois, au lieu de canaliser notre énergie et nos émotions correctement, nous les laissons s'accumuler. Cela peut également se produire avec votre énergie magique.

Si vous vous sentez submergé et que vous vibrez un peu ou que vos mains sont moites et tremblantes, vous pouvez évacuer votre énergie à l'aide d'un arbre. Asseyez-vous par terre, adossez-vous à l'arbre et mettez vos mains à plat sur l'herbe. Imaginez tout ce trop-plein d'énergie en train de pénétrer dans le sol. Évacuez la tension et l'anxiété qui se sont accumulées et envoyez-les dans la Terre. Elle pourra les gérer mieux que vous.

LIMITES

Parfois, on est en surcharge d'énergie. On en a beaucoup trop. C'est important d'avoir des limites, à la fois intérieures et extérieures, afin que votre côté empathique ne finisse pas bombardé par les émotions des autres. Les personnes empathiques attirent à elles l'énergie et les sentiments des autres, et elles ont souvent du mal à savoir à qui appartient telle émotion. Ça peut être écrasant, isolant et effrayant. Vous allez à une soirée, et au lieu de vous sentir heureux et plongé dans l'atmosphère de la fête, vous vous retrouvez dans un coin de la maison, submergé par la quantité d'énergie présente dans la pièce. Vous vous la prenez en pleine face et vous ne pouvez pas y échapper. Vous commencez à l'internaliser et vous avez l'impression que tout le monde vous regarde ou parle de vous. Vous partez et pensez immédiatement que vous avez fait quelque chose de mal.

L'un des problèmes liés à une forte empathie est que nous oublions que l'énergie positive reste de l'énergie. Elle n'en est pas moins excitante et difficile à assimiler. Ce sont vos limites qui la font s'arrêter net. Il est compliqué de poser des limites si vous n'avez pas été élevé avec. Il faut échouer de nombreuses fois avant de se rendre compte qu'on a atteint l'âge adulte sans véritable notion d'où s'arrête son espace à soi et d'où commence celui des autres.

Je veux parler des limites extérieures et de la raison de leur importance. Quand on fait des lectures de tarot, elles sont incroyablement précieuses pour faire comprendre à autrui pour quelles personnes vous acceptez de faire ces lectures, si vous exigez un paiement, et pourquoi. Dans la vie, elles sont primordiales, car on ne peut pas vivre pour les autres.

Ça ne marchera tout simplement pas.

Voyez votre vie comme de la pâte à modeler. Au début, vous êtes une masse informe, et tous les besoins et responsabilités qui vous sont imposés changent votre forme. Rapidement, vos parents, la société, la culture, vos pairs, la télévision, etc. vous pétrissent et vous modèlent en une forme qui n'était peut-être pas censée être la vôtre. Alors, quand vous êtes adolescent, voire plus tard, vous commencez à vous façonner vous-même en une forme qui a du sens pour vous, dans laquelle vous vous sentez bien.

Je veux que vous réfléchissiez à ce que vous feriez si vous construisiez quelque chose de complètement vôtre et que quelqu'un débarquait et plantait son doigt dedans. Vous perdriez la boule, et à juste titre.

Je veux que vous gardiez cette idée en tête quand on vous demande un service. Ou quand une personne vous envoie un SMS à rallonge qui détaille en quoi votre comportement ne correspond pas à ses attentes vous concernant. Ou quand on vous rabaisse, qu'on vous donne l'impression d'être idiot ou que vous avez tort. Je veux que vous imaginiez que cette personne est en train de vous pousser du doigt, quels que soient les outils qu'elle emploie : qu'elle soit en train de vous faire vous sentir coupable, gêné, ou de tenter n'importe quel autre type de manipulation émotionnelle. Je vous encourage à perdre complètement la boule.

Ce n'est pas de votre responsabilité de vous comporter d'une façon conforme aux visions que peuvent avoir les autres de la personne que vous êtes.

En général, on ne nous enseigne pas les limites ; c'est quelque chose que nous devons apprendre par nous-même. En tant que femme d'âge mûr venant du Midwest, j'ai passé ma vie à essayer d'établir des limites, et celles que je pose désormais restent là où je les mets. Au début, ce n'était pas le cas, mais j'ai suivi quelques étapes pour les rendre constantes. Ce n'est pas toujours facile, et vous perdrez parfois des amis ou raterez des opportunités, mais vous serez vous-même et vous adopterez la forme qui vous correspond le mieux.

Est-ce que je me comporte comme un égoïste ou bien est-ce que je suis en train de poser des limites nettes ? Voici une liste pour vous aider à y voir plus clair :

- Est-ce que je veux faire ceci ? Est-ce que je veux rendre ce service, effectuer cette tâche ou répondre à cette demande qui se trouve hors de ma zone de confort habituelle ?
- Est-ce que je me sens bien avec cette personne ? C'est là un point important. Les personnes qui respectent vos limites vous donneront rarement la sensation d'être petit ou ingrat.
- Assurez-vous d'avoir différents niveaux d'amis. Protégez-vous des personnes qui ne sont pas là sur le long terme. Niveau 1 : coup de fil à 3 h du matin, on se dit tout, on se fait implicitement confiance. Niveau 2 : on *brunche*, on traîne ensemble, on parle des problèmes superficiels. Niveau 3 : amis de surface uniquement. Ce système vous protège de votre propension à ouvrir votre cœur à tous les gens que vous croisez (surtout si, comme moi, vous venez du Midwest).

- N'ayez pas de limites floues. C'est perturbant pour votre chemin et pour vous aussi bien que pour les personnes qui vous entourent. Si vous ne racontez pas de potins à vos amis, ne le faites pas non plus avec des inconnus. Entretenez votre accessibilité d'une façon qui vous rende heureux et en bonne santé.
- Souvenez-vous que les limites nettes sont impératives pour prendre soin de vous. Vous n'êtes pas en train de vous montrer égoïste ou impoli, mais de vous protéger. Tout comme je ne lis pas les informations parce que ça porte atteinte à mon bonheur, je me protège des personnes négatives. C'est mon bonheur, c'est ma vie. Mes limites sont là pour nous protéger, moi et les miens.
- Quand vous réalisez des lectures, faites-le en échange de cafés ou de repas, même s'il s'agit de lectures d'entraînement. Ne sous-estimez pas votre temps, je vous en conjure. Si vous faites payer vos lectures, facturez l'expérience, pas la minute. Votre temps est précieux.
- Vu sur Internet : vous n'avez pas besoin de vous mettre en feu pour tenir chaud aux autres.

Et si la personne qui vous poussait du doigt, c'était vous ? Et si vous gardiez volontairement vos limites intérieures floues afin de pouvoir vous faire à une vie potable ? Ouh, ça fait mal, là, n'est-ce pas ? Bon sang.

De la même façon que les limites extérieures façonnent votre vie, les limites intérieures la rendent plus sécurisée et plus heureuse. Mais elles sont difficiles à vivre ! On s'appuie sur des béquilles quand on boite, non ? On ne peut pas s'en servir *ad vitam aeternam,* ou on ne marchera jamais droit.

Les limites intérieures qui ont besoin d'être renforcées sont l'estime de soi, la santé physique, la santé mentale et le bien-être émotionnel. Souvent, votre estime de vous-même est victime de l'effondrement des limites tout autour d'elle. Dormez bien, mangez de la bonne nourriture et bougez-vous. Ces trois activités alimentent le sac de chair dans lequel vous vous baladez, certes, mais quand vous ne vous sentez pas bien, vous êtes moins capable de gérer les choses que la vie vous envoie et vous commencez à douter de vous-même.

Dire « non » peut vous aider à façonner votre vie extérieurement. Ça marche intérieurement aussi, mais c'est plus difficile. En ce qui concerne la motivation, la négativité ne fonctionne pas aussi bien que le renforcement positif. Si j'essaie d'arrêter de fumer et que je dis du mal de moi-même, j'ai plus de risques de recommencer. Je dois être gentille avec moi-même pour rester en bonne santé.

J'ai quelques astuces pour vous aider à structurer des limites intérieures saines. Elles sont tout aussi importantes que vos limites extérieures. Ça vous aidera de vous imaginer enfant, à l'époque où l'univers tout entier ne vous était pas encore tombé dessus.

- Imaginez que ce que vous vous infligez, vous le faites également à cette personne ; à l'enfant au fond de vous. Les cigarettes ? Ce n'est bon pour personne, et encore moins pour lui. Il ne mérite pas ça, et vous avez pour rôle de le protéger. Remplissez ce rôle.

- Quand vous vous parlez de façon négative, répondez à cette négativité. Les pensées ne sont que des pensées, et les sentiments que des sentiments. Identifiez la négativité, dites-lui de s'en aller, puis annoncez quelque chose pour lequel vous êtes reconnaissant.
- La gratitude fait un festin de l'anxiété au petit déjeuner. C'est une vérité. Il est quasiment impossible d'être abattu quand vous êtes rempli de gratitude.
- La respiration est la clé de la vie. Inspirez en comptant jusqu'à quatre, retenez votre respiration jusqu'à quatre, expirez jusqu'à quatre et ainsi de suite. Votre attitude tout entière va évoluer.
- Si vous avez besoin de médicaments, prenez-en. Si vous ne pouvez pas fabriquer vos propres inhibiteurs de la recapture de la sérotonine, ceux de la pharmacie conviendront parfaitement. Le monde est un endroit suffisamment dur sans vous attacher des boulets supplémentaires aux pieds. L'histoire de la souffrance qui nourrirait votre art, ce sont des foutaises. Allez vous rétablir.
- Aidez les autres. Si vous vous rendez compte que vous êtes perdu et que vous n'arrivez pas à voir la lumière au bout du tunnel, essayez d'aider quelqu'un, même un peu.

- Faites de la place à votre vie spirituelle. Même s'il ne s'agit que de marcher dans la nature avec des enfants. Même si ce n'est que de la méditation une fois par jour. Même s'il n'est question que de faire du bénévolat auprès d'animaux ou de vous rendre dans une synagogue, une mosquée ou une église une heure par semaine. Sortez de votre propre tête et vivez un peu dans votre âme.
- Établissez une routine. Quand on en a une et qu'on s'y tient, on risque moins de procrastiner et donc de s'autoflageller. Je sais que c'est parfois difficile, alors commencez par vous fixer une heure de coucher et une heure de lever.
- Allez voir un thérapeute. Délestez-vous de ce poids que vous portez. Dans ma vie, j'ai consulté des psys pour mon anxiété, ma dépression, mon syndrome de la page blanche et ma dépression post-partum. Ça m'a toujours rendu service. À chaque fois.
- N'oubliez pas que votre « mieux » va changer en fonction de comment vous vous sentez. Faites de votre mieux, quel que soit votre « mieux » à l'instant T.

Surtout, allez-y mollo avec vous-même. Le monde n'est pas toujours facile, et nous devons faire attention à nous-mêmes.

n°4

Outils

ET FOURNITURES MAGIQUES

Vos fournitures magiques incluent tout ce dont vous vous servez pour améliorer votre magie, pour l'effectuer ou pour collaborer avec elle. Il peut s'agir d'objets aussi banals qu'un briquet ou aussi complexes qu'une bougie bénie, huilée et gravée. C'est à vous de choisir vos outils et d'en prendre soin. Ma façon d'aborder la magie est très décontractée. Chez moi, pas de longues robes de cérémonie. Mon couteau magique est un couteau de cuisine que je tiens de ma grand-mère. Les bougies que j'utilise valent environ 2 dollars pièce au *mercado* de ma ville.

Vous pouvez avoir des outils plutôt chouettes. Vous en avez parfaitement le droit. Seulement, ils ne sont pas nécessaires. Vous n'avez pas *besoin* de claquer 100 dollars pour un athamé rituel si vous ne pouvez pas vous le permettre. Ce n'est pas grave. L'intégrité de votre magie restera la même. Votre autel peut être une étagère de votre cuisine comme une pièce tout entière.

Je vous recommande de trouver au sein de la communauté quelques sorcières qui ont recours à des outils et de leur parler de ce qu'elles utilisent. Chacun emploie des objets différents, et c'est bien d'avoir des conversations à ce sujet afin de déterminer ce qui marchera le mieux pour vous.

— CORDELETTES —

La magie de nœud, ou « magie de cordelette », peut être utilisée pour attacher une intention ou pour la relâcher. Voyez-la comme un petit sac. Quand vous faites le nœud, vous y enfermez l'intention. C'est un outil magique rapide et facile dont on peut se servir pour presque tout : demander la santé, la richesse, maintenir son attention ou sa concentration, etc. Pour créer des nœuds, vous pouvez utiliser n'importe quel matériau, des fils aux cheveux en passants par des foulards, et vous pouvez les intégrer à des porte-bonheur ou à des perles pour un petit coup de fouet symbolique. Vous pouvez vous servir d'une cordelette en fibres naturelles si vous comptez la brûler ou l'enterrer. Je garde toujours à portée de main de quoi faire un nœud ; on ne sait jamais. Certaines personnes bien plus douées de leurs mains que moi torsadent leurs propres cordelettes. C'est une excellente manière de savoir ce que contient votre outil et d'y investir autant d'énergie que vous le souhaitez.

Vous faites le nœud ; le sort est jeté. Vous défaites ou brûlez le nœud ; le sort est défait. Quand j'étais au collège, les bracelets d'amitié en fils noués faisaient fureur. On tissait une série de nœuds, formant ainsi un bracelet qu'on pouvait ensuite donner à un ami. J'en ai porté un pendant six ans ; je ne l'enlevais jamais. Quand il a fini par se casser, j'ai ressenti un petit vide. Je ne peux pas vraiment le décrire. C'était comme si l'on m'avait donné un peu de grâce, et que quand le bracelet s'était rompu, celle-ci s'était dispersée.

Les cordelettes accomplissent de la magie puissante et servent à fixer l'intention au sein de la tâche. Vous utilisez vos mains et vos compétences pour construire quelque chose de concret, et il y a de la magie rien que dans cette action. Faire et défaire, voilà les deux faces de l'univers. Chacune d'elles provoque un changement dans l'énergie de l'univers, et le fait d'être impliqué dans ces changements est incroyablement fort. Le simple fait de réaliser un nœud entraîne un changement.

Si vous connaissez des fans de tricot ou de crochet, restez en bons termes avec eux. Ces arts sont une très bonne façon de glisser une intention dans une couverture ou une écharpe. Avec chaque morceau de laine nouée, des plans peuvent être faits… ou défaits.

CAILLOUX, CRISTAUX ET PIERRES

Les cristaux et les pierres déplacent vos vibrations énergétiques. Nous nous basons sur l'hypothèse selon laquelle la magie est la zone entre ce que nous connaissons et ce que nous ignorons. Je crois fermement que si quelque chose vous fait vous sentir mieux et ne blesse personne, vous devriez y avoir recours. J'adore les pierres et on m'a déjà dit que j'étais une « géomanceuse ». Elles m'aident à m'ancrer, me remontent le moral, et elles constituent quelque chose de substantiel auquel me raccrocher quand je suis anxieuse. En général, j'ai deux cailloux dans mes poches et un ou deux autres dans mon soutien-gorge à tout moment. Si c'est un effet placebo, très bien. Ça ne me dérange pas !

Un ami qui me connaît bien m'a un jour offert un collier en hématite. Je traversais une période difficile, et il me l'a mis autour du cou en disant que je devais être plus souvent « ici ». Présente. Heureuse. Ici, quoi. Je me suis presque immédiatement sentie mieux. Peut-être était-ce dû à l'énergie aimante de mon ami. Mais ensuite, je suis partie et j'ai un peu oublié le collier. J'ai commencé à me sentir plus calme, davantage capable de gérer ce qui m'arrivait. Je portais le collier tout le temps et j'ai remarqué que j'évoluais. Je me sentais plus présente ; tout ce que mon ami m'avait souhaité. Alors, j'ai recherché les propriétés de l'hématite. C'est une pierre de protection qui vous aide à rester ancré. Elle absorbe l'énergie négative et vous aide à conserver votre sérénité. Elle est liée au chakra racine.

J'ai commencé à l'appeler « mon collier spirituel ». Quand je le portais, je me sentais plus ancrée. C'est tout. C'était là toute l'ampleur de son énergie. De plus, quand je me sentais plus ancrée, je me sentais aussi davantage capable et assurée. Là, c'était ma magie qui venait combler les trous.

Les pierres et les cristaux sont merveilleux et ils représentent de beaux outils magiques que vous pouvez emporter dans votre boîte à outils. Ils se nourrissent de l'énergie de leur environnement en plus de l'énergie qu'ils contiennent déjà en eux. On peut en trouver dans des magasins New Age, des foires aux pierres et aux cristaux, ou (mon endroit préféré) dans les boutiques de souvenirs à proximité des monuments nationaux. C'est bizarre, mais toutes celles où je suis allée ont des bacs remplis de cristaux ou de pierres très bon marché. On peut aussi en acheter sur Internet, ce qui est pratique si vous cherchez une pierre spécifique. Par contre, je vous préviens, c'est addictif, et vous allez sans doute finir devant une table recouverte de pierres, en train de leur demander : « Qui veut repartir avec moi ? Tout le monde ? D'accord ! » Il vaut mieux se faire accompagner d'un ami. Et avoir un *safeword*.

Les pierres et les cristaux sont utiles pour combler un manque chez vous. Quand vous avez peur, vous pouvez porter de la cornaline ou de l'héliotrope. Vous avez le cœur léger et vous vous sentez d'humeur aimante ? Du quartz rose. Vous pouvez les poser sur votre autel ou près de votre espace de travail. Il est aussi possible de réaliser des grilles de cristaux en plaçant des pierres et des cristaux à des endroits spécifiques afin d'équilibrer les énergies de votre maison ou de votre vie. L'un des meilleurs effets de la collection et de l'utilisation de pierres, c'est que ça vous donne une idée de quand vous pouvez sortir du placard à balais. Vous ne savez pas trop si tel collègue va bien réagir quand il apprendra que vous faites de la magie ? Mettez une jolie pierre sur votre bureau et voyez s'il fait un commentaire. S'il se contente de dire que c'est un joli presse-papiers, vous avez probablement affaire à un moldu. S'il la prend dans sa main, dit qu'elle est agréable à tenir et demande ce que « fait » cette pierre, il est des nôtres.

Après un moment, vous aurez envie de nettoyer vos pierres. Certaines pierres changent quand elles sont exposées à la lumière directe du soleil, ou bien se dissolvent dans l'eau, alors renseignez-vous bien avant de les nettoyer. Vous pouvez les mettre sous l'eau courante – dans l'évier, par exemple. Exposez-les à la lumière du soleil pour en absorber la chaleur. Vous pouvez également les laisser dehors à la pleine lune ou à la lune noire pour attirer leur énergie.

Propriétés

Voici une liste de pierres et de leurs propriétés. Ces dernières peuvent vous aider à décider desquelles vous avez besoin dans votre poche aujourd'hui ou de celles qui fonctionneront le mieux dans un sortilège.

Agate: stabilité, ancrage, confiance en soi

Aigue-marine : intuition, apaisement, clarté

Alexandrite : santé, calme, rétablissement

Ambre : équilibre, chance, positivité

Améthyste : relaxation, sommeil, perspicacité

Apatite : énergie, clarté, inspiration

Calcédoine : calme, paix, bonheur

Calcite : énergie (tout particulièrement activation d'énergie), purification

Chrysocolle : énergie, volonté, confiance en soi

C*hrysoprase* : gentillesse, amour, bonheur

Citrine : bonheur, croissance, confiance en soi

Cornaline : confiance en soi, énergie, inspiration

Cyanite : méditation, équilibre, transformation

Fluorite : sommeil, calme, positivité

Grenat : énergie, ancrage, dynamisation

Héliotrope : énergie, courage, bonheur

Hématite : ancrage, ancrage, un vrai T-shirt de tonnerre spirituel !

Jade : chance, prospérité, sagesse

Jais : ancrage, positivité, chance

Jaspe : courage, acuité mentale, force

Labradorite : intuition, magie, protection

Lapis-lazuli : sagesse, conscience, éveil spirituel

Lépidolite : calme, bonheur, transformation

Malachite : transformation, clarté, perspicacité

Moldavite : transformation, guérison, un vrai bidule intergalactique de l'espace !

Muscovite : intuition, agilité, stimulation

Obsidienne : protection, calme, clarification

Onyx : protection, force, endurance

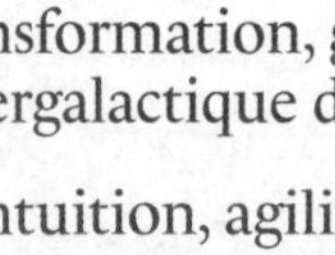

Opale : guérison, intuition, bonheur

Os : protection, énergie, représentation d'un animal

Péridot : abondance, joie, confiance en soi

Perle : honnêteté, clarté, intégrité

Pierre de lune : guérison, inspiration, intuition

Pierre de soleil : créativité, énergie, joie

Pyrite : abondance, protection, clarté

Quartz rose : amour

Quartz : clarté, guérison, manifestation

Rhodochrosite : plaisir, confiance en soi, joie

Rhodonite : calme, perspicacité, ancrage

Sardonyx : protection, force, bonheur

Sélénite : nettoyage, purification, positivité

Sodalite : confiance en soi, paix, relaxation

Topaze : guérison, énergie, honnêteté

Tourmaline : protection

Turquoise : honnêteté, franchise, lien à l'univers

Unakite : abondance, guérison, amour

Poches de cailloux

Le plus simple à faire avec les cailloux, c'est de les mettre dans vos poches, ou dans votre soutien-gorge si vous en portez un. Le matin, évaluez ce dont vous pourriez avoir besoin dans votre journée. La présence d'une pierre de réconfort vous donnera l'énergie nécessaire en plus de quelque chose à tenir dans votre main si vous vous sentez stressé. Il est rassurant d'avoir un poids familier à ses côtés quand on se sent mis à l'épreuve.

Voici quelques pierres associées à des situations dans lesquelles elles sont susceptibles de vous ancrer.

Entretien d'embauche : héliotrope

Trouble anxieux généralisé : chrysoprase

Premier rendez-vous galant : rhodonite

Dépression : lépidolite

Situation familiale stressante : tourmaline

Cauchemars : améthyste, calcédoine bleue, lapis-lazuli, jade, chrysoprase, quartz fumé

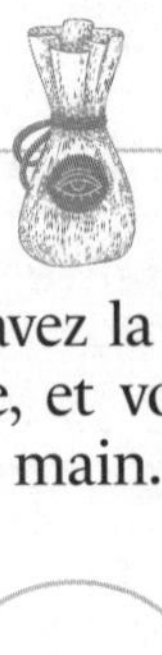

Imaginez que vous avez la charge d'un petit être. Il fait un mauvais rêve, et vous pouvez glisser une pierre magique dans sa main. C'est si réconfortant…

Le recours aux pierres pour gérer les problèmes du quotidien est devenu tellement courant qu'on peut littéralement taper « pierres pour cauchemars » dans un moteur de recherche et en obtenir toute une liste.

Mes pierres se trouvent dans des bols disposés un peu partout dans ma maison. Si, avant de partir de chez moi, je souffre d'anxiété ou d'autres soucis, je choisis soigneusement les pierres qui vont m'aider à me sentir mieux. Parfois, si tout va bien, je prends simplement une pierre que j'ai envie de porter sur moi, par exemple parce qu'elle est jolie ou bien agréable à tenir dans la main. Les pierres peuvent jouer leur rôle d'ancêtre du *hand spinner* ou bien vous accompagner uniquement pour que vous ayez une pierre antistress à laquelle vous raccrocher.

Construire une grille de cristaux

Pour une aide plus intense et prolongée de la part des pierres, vous pouvez réaliser une grille de cristaux. Pour ce faire, sélectionnez les pierres qui peuvent faire évoluer votre énergie et votre intention et arrangez-les en n'importe quel motif qui vous parle.

Une grille de cristaux est le placement délibéré de pierres et de cristaux de manière à conserver l'énergie d'une intention. Voyez-la comme une toile d'énergie. En mettant les cristaux au bon endroit, vous maintenez l'intention en place, et la toile qu'ils constituent agit comme une batterie pour vos sortilèges. Quand il était petit, mon fils a créé une grille de cristaux sous son lit, sans savoir ce que c'était. J'ai remarqué quelques pierres sous son lit et je lui ai demandé s'il les avait fait tomber. Il m'a répondu : « non, je les ai mises là pour qu'elles m'aident à m'endormir, et elles fonctionnent ».

Utilisez une grille de cristaux quand vous travaillez sur des projets à long terme nécessitant une source d'énergie durable. Vous ne pouvez pas rester concentré sur quelque chose pendant un mois entier, alors la grille va maintenir l'intention et la concentration à votre place. On peut s'en servir entre autres pour des objectifs fitness, une recherche d'emploi ou encore pour faciliter le sommeil ou la concentration.

Tout d'abord, choisissez un motif qui vous attire. Vous pouvez soit l'ébaucher sur papier, soit vous servir de votre imagination. J'ai souvent recours à une forme d'étoile, car les étoiles me portent chance. Parmi les formes répandues, on trouve les cercles, les anneaux entrelacés, les spirales et les triangles. Choisissez quelque chose qui vous parle et qui correspond à votre intention.

Ensuite, trouvez des pierres qui renforcent l'intention que vous souhaiteriez mettre en avant. Voyez-les comme la batterie de votre sortilège. Disons que vous faites une grille pour vous aider à vous concentrer sur vos révisions d'examens. Nous allons concevoir cette grille de cristaux pendant la pleine lune. Dessinez ou imaginez la forme de la grille que vous allez utiliser, et décidez des meilleures pierres les plus bénéfiques à la concentration et aux révisions. La sodalite et le lapis-lazuli, par exemple.

Trouvez d'autres éléments qui pourraient ajouter un peu de vous-même à la grille, comme des bijoux, des fleurs ou des coquillages. Ce que je préfère, c'est y intégrer une coquille d'œuf de rouge-gorge que j'ai trouvée et qui apporte énormément de potentiel à mes grilles. Je la place au milieu de la plupart de ces dernières.

Nettoyez vos cristaux. Vous pouvez vous servir de la fumée d'un fagot d'herbes ou d'encens, ou bien les passer sous l'eau.

Écrivez votre intention de demeurer calme et concentré lors de vos examens. Notez ce qui se produira en conséquence : vous aurez d'excellentes notes et vous atteindrez vos objectifs. Vous aborderez vos examens de manière confiante, et tout se passera comme il faut. Tandis que vous écrivez, visualisez ce que vous voulez qu'il se produise. Imaginez-vous tranquillement assis en classe, en train de répondre aux questions avec assurance, puis de sortir de la salle d'examen, tout excité et victorieux.

Placez la note au milieu de votre grille et disposez les cristaux selon le motif que vous avez choisi. Laissez la grille en place jusqu'à la prochaine pleine lune. Si vous avez besoin de commencer votre grille en dehors de la pleine lune, pas de souci. La lune est toujours pleine quelque part. Adaptez le sort à vos besoins.

Bon, il y a eu dans ma vie une période où je ne possédais certainement pas une douzaine de labradorites ni d'autres cristaux ou pierres spécifiques. Ce n'est pas grave. Vous pouvez chercher dans votre jardin des petits cailloux, des pommes de pin ou des bâtons qui pourront maintenir l'énergie à votre place. Ne laissez pas un manque d'outils vous éloigner de votre magie. Il est également possible d'écrire le nom de la pierre souhaitée sur un papier que vous mettrez dans la grille. L'univers vous comprend et saisit ce que vous essayez d'accomplir.

Si vous voulez que votre grille reste secrète, vous pouvez la créer électroniquement en faisant des copier-coller d'images de pierres de manière à former un motif, puis en sauvegardant le document. Soyez créatif. Faites de votre mieux pour que le sortilège fonctionne pour vous.

BOUGIES

Les bougies fournissent un point de mire. Si vous méditez, vous pouvez fixer la flamme du regard afin de mener votre esprit dans un lieu très calme. Apporter de la lumière à sa magie est une mesure cérémonielle qui aide à déterminer les limites de sa réalisation de sorts, et qui peut constituer une délimitation très distincte du début et de la fin de son travail : on allume les bougies quand on commence et on les souffle quand on a terminé.

Tant qu'ils sont allumés, les bougies ou l'encens vont garder l'espace pour vos prières. J'aime me servir de bougies de neuvaine, car elles mettent plusieurs jours à se consumer. Quand je les vois brûler, elles me rappellent que le travail que je suis en train d'effectuer se poursuit. Si j'allume une bougie pour quelqu'un, cette intention monte avec les volutes de fumée jusqu'à la personne ou la chose dans l'univers qui attrape les bonnes intentions.

Les bougies sont présentes dans presque chaque tradition de quasiment toutes les religions. Leurs lumières touchent tous les cœurs et toutes les fois, particulièrement l'hiver, quand tout est sombre et immobile. Les lumières qui brûlent tout au long de la nuit nous donnent de l'espoir pour le printemps prochain. À chaque fois qu'on allume une bougie, on envoie un peu d'espoir dans l'univers ; qu'il s'agisse seulement du petit espoir d'une odeur douce qui vous tiendra compagnie pendant la journée, ou du gros espoir que vos prières parviennent à vos proches décédés.

Les couleurs des bougies peuvent apporter un niveau d'énergie supplémentaire à votre magie. Je vous recommande d'avoir un stock de bougies à portée de main. Vous pouvez acheter des bougies chauffe-plats blanches en gros ainsi qu'une sélection de bougies votives ou de cierges des couleurs de votre choix. Je préfère celles en soja ou en cire d'abeille, car elles sont naturelles, mais vous pouvez utiliser ce que vous avez à disposition. J'utilise généralement des bougies blanches, parce que j'estime que le blanc offre une page vierge, mais voici différentes couleurs et significations pour votre travail avec les bougies :

Rouge : n'importe quelle émotion forte, telle que la rage, l'amour ou l'envie de protection

Orange : créativité, aventure

Jaune : guérison, clarté intellectuelle

Vert : croissance, guérison, prospérité

Bleu : santé, calme, santé mentale, communication

Violet : sagesse grandissante, influence croissante

Noir : suppression des énergies négatives, fin des mauvaises habitudes, coupage de cordons

Blanc : guérison, n'importe quelle autre intention

Vous pouvez faire coïncider vos rituels avec certaines phases de la lune et sélectionner la ou les couleur(s) les plus proches de votre intention. Quand je me prépare pour un sort, je m'assure d'avoir suffisamment de temps pour créer l'espace nécessaire à la canalisation de mon énergie dans la bougie. La bougie est le véhicule de votre intention.

ENCENS

L'encens modifie l'énergie de la pièce et transforme celle-ci en espace sacré, quel que soit le sens du mot « sacré » à vos yeux. Quand je brûle tel encens, je suis dans le bon état d'esprit pour écrire. Quand je brûle tel autre encens, ça me rappelle ma grand-mère, et je me mets généralement à nettoyer la maison, ou je souhaite soudain passer du temps avec mes enfants. La mémoire olfactive est très puissante et peut facilement vous renvoyer à un autre endroit ou à un autre moment. Si je respire de l'encens de sang-de-dragon, je me retrouve en 1978, dans la cuisine de ma grand-mère, à l'aider à éplucher des pommes de terre en écoutant Patsy Cline.

J'adore le fait que l'encens appuie sur le bouton de réinitialisation de mon esprit. Je suis très affectée par les odeurs et je me suis aperçue que le simple fait de changer l'air qui m'entoure modifie complètement mon humeur et ma concentration. Si vous devez changer d'attitude, l'encens agit rapidement et peut être utilisé pour une bénédiction ou un nettoyage de votre espace. Il existe sous forme de bâtons, de cônes et de poudre. Vous pouvez trouver de l'encens à brûler avec du charbon ainsi que des mélanges naturels.

En magie, l'encens peut servir à se concentrer sur l'intention que l'on définit. En améliorant l'intention, vous modifiez l'énergie de la pièce et vous vous plongez dans un meilleur état d'esprit. Cela peut susciter une impression de calme et aider à créer un point de départ net pour votre travail.

Voici quelques types d'encens ainsi que l'énergie qu'ils mettent en avant :

Achillée millefeuille : courage

Ambre : amour, bonheur

Bois de cèdre : guérison, purification, prospérité

Cèdre : énergie psychique, sommeil tranquille

Citronnelle : concentration

Copal : purification, protection

Foin d'odeur : appel aux ancêtres pour obtenir des conseils

Jasmin : prospérité, amour

Laurier : énergie psychique, rêves prémonitoires

Lavande : relaxation, sommeil

Menthe : prospérité, guérison

Oliban : positivité, purification, protection

Patchouli : prospérité, amour

Rose : courage, fertilité, amour

Sang-de-dragon : purification, puissance sexuelle

Santal : élimination de l'énergie négative, projection astrale

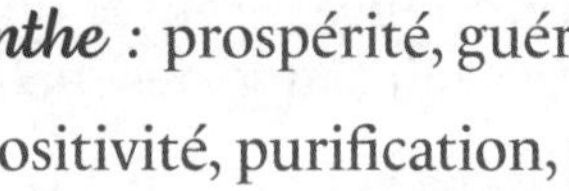

Sauge : protection, purification[17]

Vanille : amour, sexe

Ylang-ylang : amour, prospérité

HUILES

Aussi loin que l'on puisse remonter dans l'histoire, les huiles ont toujours été employées dans les pratiques magiques. L'oliban et la myrrhe figurent tous deux dans la Bible, tout comme l'huile utilisée pour oindre les corps. Jésus lavait les pieds des gens avec de l'huile ; il les oignait. On trouvait des huiles dans la Chine et l'Afrique antique, y compris en Égypte. Elles contiennent l'énergie des plantes dont elles sont issues et elles nous confèrent cette énergie.

Si vous avanciez vers un but (votre sortilège), tous les signes ou flèches pouvant vous aider à atteindre la cible seraient les bienvenus, n'est-ce pas ? Voilà ce que les huiles peuvent accomplir pour votre magie. Elles poussent l'énergie encore plus loin dans la direction désirée. En plus, elles sentent merveilleusement bon, et l'odorat joue un rôle important vis-à-vis

17 Renseignez-vous sur la sauge avant de l'utiliser afin de savoir si elle est adaptée pour vous. La sauge blanche est problématique en raison de l'appropriation culturelle, et la récolte commerciale de la sauge sauvage plante met la plante en danger. Si vous l'utilisez, assurez-vous qu'elle provienne d'une source éthique. Vous pouvez aussi la faire pousser vous-même.

de notre humeur et de notre concentration. Les huiles améliorent nos inclinations et peuvent nous diriger vers le bon état d'esprit pour un sortilège donné. Vous n'avez qu'à en appliquer sur vos pétitions, vos bougies ou vos cordelettes. Les huiles peuvent être utilisées pour servir presque n'importe quel but. Amour, prospérité, ouverture de chemin, et j'en passe !

Les huiles font partie de la magie « sympathique », c'est-à-dire le recours à des accessoires permettant de transférer l'intention sur autrui ou sur soi. Elles peuvent être utilisées seules ou associées à d'autres formes de magie pour affûter la concentration et donner un petit plus au sortilège. Vous pouvez oindre la bougie, le bocal ou tout autre objet avec l'huile, ou bien l'appliquer directement sur votre corps ou vos habits. Vous pouvez vous servir de l'huile pour inscrire des sigils dans votre maison ou pour bénir vos pierres ; vous pouvez l'appliquer sur des pétitions ou l'employer dans vos petits sacs-amulettes.

Si vous mettez de l'huile sur votre peau, méfiez-vous des allergies, des rougeurs et des brûlures. Commencez par essayer sur une petite zone afin de vous assurer que votre corps la tolère bien. Rangez les huiles dans un placard frais et sombre et ne les utilisez pas au-delà de la date indiquée. Il existe aussi une différence entre les huiles infusées et les huiles essentielles. Les huiles essentielles sont plus concentrées et donc plus coûteuses, et elles doivent être mélangées à une huile de base avant d'être appliquées sur la peau.

Vous pouvez fabriquer vous-même vos huiles (mais renseignez-vous bien avant) ou les acheter. La cuisine est un lieu que j'ai tendance à éviter sauf quand je lis mes cartes, alors je préfère acheter mes huiles à Nashville, chez *Aromagregory*, l'une de mes boutiques New Age préférées, dont le propriétaire est le magicien Gregory Lee White. Cette liste d'huiles et de leurs usages est tirée de son livre *The Use of Magical Oils in Hoodoo, Prayer, and Spellwork*.

Amour et sexe : santal, ylang-ylang, lavande, patchouli, vanille, jasmin

Bonheur : n'importe quelle huile d'agrume (excepté le citron, qui devrait être réservé aux sortilèges liés à l'aigreur)

Pouvoir ou succès : camomille, géranium, patchouli, anis, vétiver

Gain financier : gingembre, noix de muscade, patchouli et sauge sclarée[18]

Je trouve que les sortilèges les plus efficaces sont soit ceux nourris par une émotion intense, soit ceux que l'on exécute calmement, de manière

18 White (Gregory Lee), *The Use of Magical Oils in Hoodoo, Prayer, and Spellwork*, White Willow Books, Nashville, 2017, 112 p.

assurée et avec tout son arsenal d'outils magiques auprès de soi. Imaginez que vous alliez à un entretien d'embauche. Est-ce que vous porteriez un jean et un T-shirt ? Est-ce que vous vous assiériez de manière décontractée ou bien le dos droit et l'air attentif ?

Vous devriez aborder votre magie de la même façon que vous aborderiez cet entretien. Disposez vos outils devant vous. Allumez une bougie ou de l'encens dont les couleurs et l'odeur améliorent votre sortilège. Appliquez de l'huile pour lui donner un petit coup de pouce. Choisissez le bon moment du mois lunaire et assurez-vous d'être calme. Bougez votre corps ou vos outils dans le sens du soleil (celui des aiguilles d'une montre) plutôt que *widdershins* (le sens inverse des aiguilles d'une montre). Oui, votre magie fonctionnera même sans ces spécificités, mais si vous les suivez, elle n'en marchera que mieux.

— AUTRES OUTILS RÉPANDUS —

Il existe de nombreux objets qui vous aideront dans votre magie. Je sais que je répète souvent ça dans ce livre, mais c'est à vous de décider ce dont vous avez besoin ou non. Voici une liste d'outils répandus et des manières de les utiliser. Ce sont des ustensiles couramment employés en Wicca et dans d'autres formes de magie. Je me sers généralement de mes doigts ou de mes mains plutôt que d'une baguette, alors j'ai également proposé des solutions pour quand vous ne possédez pas l'outil en question ou que ne pouvez pas vous le procurer.

Outil	Usages	Substituts
Baguette	Concentrer et orienter la magie	Doigt pointé, main
Pilon et mortier	Mélanger les herbes utilisées dans des sortilèges ou mélanger des huiles	Acheter des herbes déjà moulues
Couteau rituel (athamé)	Dessiner des cercles, invoquer des cercles, faire couler du sang pour des sortilèges	Couteau à beurre, ou le vieux couteau affûté de mamie
Bocal avec couvercle	Stocker des sortilèges de miel, des potions, des bouteilles de sorcières	Sacs de congélation
Cartes de tarot	Divination	Cartes d'oracle, cartes à jouer

n°5

Timing ET INDICATIONS MAGIQUES

Le *timing* est un outil de plus dans votre besace. Si l'énergie qui vous entoure se prête à l'élimination d'éléments qui se dressent sur votre chemin, pourquoi ne pas vous laisser emporter par ce courant et régler votre magie sur lui ? J'aime réfléchir aux problèmes auxquels je fais face, écrire chaque défi ou opportunité, puis décider de la meilleure période pour gérer chacun d'eux. Ce n'est pas une excuse pour remettre à plus tard de la magie qui devrait être effectuée maintenant. C'est plutôt : si vous avez le temps, utilisez-le bien.

— LA LUNE —

Il y a environ dix ans, deux amis et moi-même avons décidé qu'il était temps que nous arrêtions de fumer. Nous avions tous tenté les méthodes traditionnelles, comme le sevrage brutal ou le recours aux patchs et au chewing-gum. Nous persistions et essayions toujours d'arrêter la cigarette. J'ai invité ces amis chez moi pour faire un peu de magie et retenter le coup. Nous nous sommes assis dehors, entourés de quatre bougies disposées en cercle. Nous avons chacun écrit un message aux cigarettes, les remerciant d'avoir été présentes pour nous et leur demandant de nous laisser partir. Nous avons fumé ensemble une dernière fois, en discutant de toutes les fois où nous nous rappelions avoir forgé des liens via une cigarette. Ensuite, nous avons brûlé nos lettres et nous sommes penchés en arrière, appuyés sur nos mains, baignés par la lueur de la pleine lune. Nous avons saisi l'opportunité à pleines mains. Nous nous sommes délectés de l'instant présent. Nous avons tous cessé de fumer cette nuit-là.

Le plus étrange, ce n'est pas que nous ayons arrêté la cigarette ce soir-là. C'est que nous ayons tous perdu la notion du temps. Je pensais avoir passé une heure dehors. Quand nous sommes rentrés dans la maison, trois heures s'étaient écoulées. Nous rigolions et nous étions remplis d'espoir et de bonheur. Notre moral était au plus haut. Nous avions absorbé cette magnifique énergie de pleine lune et nous l'avons portée pendant des jours.

Pas besoin d'être païen pour suivre le cycle de la lune. Certains pensent que l'influence de la lune sur les humains est peut-être hormonale, et non pas une attraction gravitationnelle comme on pourrait le croire. Une pratique courante consiste à observer le cycle de la lune et à programmer ses sortilèges en conséquence. À la pleine lune, accomplissez des sortilèges pour faire venir l'abondance dans votre vie. L'énergie de la pleine lune est accueillante, expansive et généreuse. La nouvelle lune est le moment idéal pour se libérer de certaines choses : mauvaises habitudes, chagrin ou obsessions amoureuses qui ont mal tourné. Il est facile de puiser dans ce flux et reflux d'énergie et de suivre son évolution.

De plus, c'est une excellente manière de tenir le compte des progrès que vous faites dans votre travail. Ce tableau en expose les bases :

Lune décroissante	Libérer des choses, les nettoyer ou en faire don	Magie pour se préparer à un déménagement, mettre fin à une amitié, alléger sa charge émotionnelle
Nouvelle lune ou lune noire	(Se) réinitialiser, faire cesser les mauvaises habitudes	Magie pour arrêter de fumer, nettoyer la maison, faire cesser de vieux sortilèges
Lune croissante	Nettoyer, se préparer à l'abondance	Magie pour lancer des sortilèges financiers
Pleine lune	Croître, (s')étendre, changer ses habitudes	Magie pour se concentrer sur un élément que vous voulez manifester ce mois-ci

La période de la lune décroissante est idéale pour vous détacher de certaines choses. C'est autant une réduction qu'une libération. Elle est propice au commencement d'un régime ou au fait de se préparer à démissionner. C'est le moment de couper les liens qui vous relient aux gens qui ne vous apportent plus rien, de ne garder que l'essentiel dans votre vie et de découvrir à quel point vous vous sentez plus léger. Cette période dure environ deux semaines, quand la lune passe de pleine à nouvelle. La réduction de la partie visible de la lune est accompagnée d'une énergie plus intense, plus concentrée.

La nouvelle lune a lieu quand la lune est sombre dans le ciel. C'est le moment idéal pour jeûner ou augmenter votre consommation d'eau. C'est la période du commencement, propice à l'arrêt du tabac, de la caféine ou de l'alcool, ou de n'importe quelle autre habitude néfaste que vous auriez pu avoir jusque-là. Toutefois, c'est une bonne idée de trouver la source de ces mauvaises habitudes et de se concentrer sur elle aussi. Le nettoyage de la maison à la nouvelle lune est un merveilleux bouton de réinitialisation pour l'énergie du foyer. Jeter les déchets, ranger le bazar et réduire le nombre de vos possessions permet de faire de la place à un meilleur flux énergétique et vous fait aussi vous sentir mieux.

La lune croissante devient pleine, et en grandissant, elle renforce la force et l'énergie qui vous entourent. C'est un moment idéal pour se préparer à la croissance. Attendez-vous un enfant ? Cherchez-vous à étendre votre activité ? Sur quoi porte votre magie ? Si elle a le moindre rapport avec l'expansion, la lune croissante lui est propice.

La pleine lune se prête à la croissance. « Je veux plus d'argent, davantage d'amis, un meilleur emploi et une santé plus robuste. Je veux bâtir sur ce que j'ai déjà jusqu'à ce que j'aie assez ou plus qu'assez. » C'est le moment d'appeler les choses à vous. C'est l'énergie sauvage, quand votre cœur bat fort et que vous vous rendez compte qu'il pulse en rythme avec le monde qui vous entoure. La pleine lune vous demande de vous remplir vous aussi et de vous joindre à elle pour éclairer le monde.

C'est le moment idéal pour bénir votre maison avec de l'encens, des bougies, des huiles ou des mots. La pleine lune est la période parfaite pour disposer des fleurs coupées dans votre maison, faire des offrandes aux dieux du foyer ou aux ancêtres, inviter vos amis pour un repas où chacun apporte quelque chose à manger, ou célébrer votre maison de n'importe quelle autre façon. Bénissez-la par la présence de gens et par le rire.

SENS DU SOLEIL ET WIDDERSHINS

L'expression « sens du soleil » (on dit aussi « *déosil* ») signifie que l'on se déplace et que l'on fait de la magie dans le sens dans lequel tourne le soleil, et le mot « *widdershins* » désigne le sens opposé. À notre époque, où l'on ne connaît la position du soleil que si l'on vient de sortir, on peut aussi considérer qu'aller vers la droite (dans le sens des aiguilles d'une montre) est le sens du soleil, et aller vers la gauche (dans le sens inverse des aiguilles d'une montre), *widdershins*. Voilà un outil supplémentaire dans votre boîte à outils magique.

Cela peut vous donner un petit coup de pouce d'effectuer vos actions magiques dans le sens adapté selon que vous souhaitez faire ou défaire quelque chose. Pour fabriquer de l'énergie, on va vers la droite ; pour défaire, vers la gauche. Si vous vous tournez vers la gauche, vous pouvez défaire quelque chose de négatif que vous avez dit ou pensé plus tôt, ou vous pouvez faire disparaître votre malchance par votre simple volonté. Ça s'appelle « *widdershins* », un mot tout bonnement fantastique. Quand vous gravez une bougie, faites-le de gauche à droite pour créer, et de droite à gauche pour ôter quelque chose de votre chemin.

Les mots « *déosil* » et « *widdershins* » sont extrêmement vieux. Ils ont quelque chose de naturel. *Widdershins* vient d'un mot de moyen haut allemand signifiant « contre », dans le sens de « contre-nature » ou « contre ce qui est juste ».

Le sort préféré de mon amie Karin consiste en un mouvement circulaire dans le sens du soleil. Dans le folklore écossais, le sens du soleil est considéré comme prospère. Les druides faisaient autrefois le tour de leur temple dans le sens du soleil, et les gens tournaient trois fois autour d'une personne dans le sens du soleil pour la bénir.

Quand Karin tond sa pelouse, elle contourne les arbres et son brasero dans le sens du soleil. Quand elle cuisine, elle touille dans le sens du soleil. Quand elle fait le ménage, elle astique dans le sens du soleil. J'aime l'idée qu'un geste aussi simple crée une bénédiction ou une protection; en plus, il peut être employé n'importe où.

Karin accomplit également des bénédictions avec de petits liens de fermeture armés. Quand sa famille termine une miche de pain, elle prend l'attache du sachet et elle l'enroule trois fois autour d'un objet de la cuisine en demandant des bénédictions pour les siens. Santé, prospérité, amour, protection, ancrage, changement d'attitude ; tout ce qui peut être nécessaire à ce moment précis.

SAISONS

La plupart de mes connaissances effectuent un grand tri au printemps et à l'automne : elles rangent leurs papiers, jettent ou font don de certaines affaires et vêtements trop petits. Ça paraît tout simplement naturel. Le ménage de printemps n'est pas seulement quelque chose que votre mère vous forçait à faire. Après l'hibernation, nous ressentons un besoin de faire le vide dans notre nid. À l'automne, nous commençons à remplir le frigo et le cellier pour nous préparer à l'hiver. C'est un autre cycle naturel que vous pouvez suivre dans le cadre de votre magie.

Vous pouvez vous inspirer de la Roue de l'année païenne, un cycle composé d'événements solaires et de jours positionnés à équidistance de ceux-ci ;

tous sont célébrés comme sabbats ou jours saints. Chaque équinoxe, solstice, ou encore jour de fête entre ces derniers représente une opportunité d'effectuer vos sortilèges. Voici les correspondances de base :

Saison	*Activités*	*Sabbats*
Hiver	*Scrapbooking*, organisation des espaces de rangement, pratique de magie de protection, don de cadeaux	*Yule*, en décembre
		Imbolc, en février
Printemps	Lancement de sortilèges d'amour, de santé, rangement du désordre émotionnel comme physique, prospérité	*Ostara*, en mars
		Beltane, en mai
Été	Célébrations magiques, pratique de magie familiale ou de chance	*Litha*, en juin
		Lugnasad, en août
Automne	Purge, confection de bouteilles de sorcières, protection, coupage de cordon	*Mabon*, en septembre
		Samhain, en octobre

Suivre ces conseils et les cycles de la lune peut connecter votre énergie au flux et reflux naturel du monde. Vous pouvez aussi vous servir de l'astrologie, mais je ne suis qu'une débutante dans ce domaine, alors je vous ai mis quelques livres dans la liste des lectures recommandées. Voyez ça comme du saut à la corde en *double dutch*. Vous pouvez vous contenter de sauter, mais si vous œuvrez en harmonie avec les rythmes déjà existants qui vous entourent, vous vous faciliterez les choses. Ne rendez pas votre magie plus difficile qu'elle ne devrait l'être. Le rythme et les sens vous donneront un coup de pouce ; vous devriez en profiter.

ÉLÉMENTS

La Terre, l'Air, le Feu et l'Eau sont les quatre éléments principaux dans lesquels vous pouvez puiser en magie. Il en existe un dernier : l'Esprit. Si vous décidez de travailler avec les éléments, ils peuvent vous aider à atteindre vos objectifs. Chacun d'eux possède une énergie spécifique que vous pouvez exploiter pour pousser votre magie en avant. Encore une fois, comme l'astrologie, la lune et les directions, il s'agit simplement d'un outil de plus pour aider à nourrir votre feu magique (les éléments, le « feu magique »… z'avez compris ?).

Par exemple, si vous vous sentez fragile sur le plan financier, vous pouvez créer un sort avec des éléments de la Terre sur votre autel et dans votre magie en vous servant d'encre, de papier ou de bougies des couleurs correspondantes. À la fin du sortilège, vous pouvez déposer de la terre ou quelques pierres sur votre autel.

Si vous recherchez une forme cohésive de magie qui va vous rendre service, vous pouvez avoir recours à un pentacle dans votre sort. Ce symbole allie la Terre, l'Air, le Feu, l'Eau et l'Esprit à un cercle qui les entoure pour montrer le contrôle que vous avez sur ces forces de votre vie. Ce symbole représente notre équilibre et notre capacité à manipuler le monde qui nous entoure.

Ci-après, une liste des éléments ainsi que des suggestions quant aux façons dont vous pouvez les utiliser dans votre magie.

Élé-ment	Cou-leurs	Correspon-dances	Usages
Terre	Marron, vert	Ancrage, protection, bénédiction du foyer, prospérité	Mettez de la poussière de votre maison dans une bouteille de sorcière. Asseyez-vous dehors pour faire de la magie. Ajoutez des cristaux à vos sortilèges.
Air	Jaune	Travail, clarté, méditation, influence, communication	Brûlez de l'encens pour vous concentrer. Soufflez sur vos sortilèges.
Feu	Rouge	Énergie, cristallisation d'intention, protection	Focalisez-vous sur une flamme pour vous concentrer. Brûlez de vieux sortilèges. Brûlez des lettres pour vous libérer.
Eau	Bleu	Amour, protection de la famille, méditation	Ajoutez de l'eau ou des larmes aux sortilèges. Nettoyez et bénissez vos outils.
Esprit	Violet, blanc	Amélioration spirituelle, contact avec les esprits	Utilisez un pentacle dans votre magie. Dessinez-le ou tracez-le avec de l'huile pour représenter tous les éléments.

Vous pouvez ajouter des représentations élémentaires à votre autel sous forme de plumes, de verres d'eau, de pierres et de bougies. Si vous avez un objectif spécifique en tête, rassemblez les accessoires élémentaires qui vous aideront à y parvenir. Puisez dans l'énergie intrinsèque de ces outils et servez-vous d'eux pour renforcer votre sortilège.

N'ATTENDEZ PAS QUE LES CONDITIONS PARFAITES SOIENT RÉUNIES

Vous allez être tenté de patienter jusqu'à la prochaine phase de la lune qui répondra à vos besoins. C'est une sorte de procrastination toute païenne : « J'adorerais avoir un meilleur boulot, mais je dois attendre que la lune soit pleine en Cancer, parce que j'ai besoin de cette énergie d'Eau afin d'équilibrer mon énergie de Feu, donc jusque-là, je peux continuer à attendre dans ce boulot nul pendant encore trois mois. »

Suivre la lune, les jours de la semaine et l'astrologie est idéal pour programmer votre magie. Cela vous aide à concentrer l'intention et la concentration tel un rayon laser. Je vous encourage fortement à vous renseigner sur ces éléments et à les intégrer dans vos projets magiques.

Toutefois, ce n'est pas quelque chose de nécessaire. Vous n'avez pas besoin d'attendre, immobile, que la lune se mette à décroître afin de vous libérer de votre ex qui vous trotte encore dans la tête. Il est inutile de retarder vos actions, car le noyau de toute magie, c'est vous.

En plus, il y a des millions de lunes dans la galaxie. La lune est toujours pleine pour quelqu'un, quelque part.

n°6

Assistance
MAGIQUE

C'est entièrement à vous de voir si vous croyez en des auxiliaires invisibles présents dans l'univers, si vous en désirez ou que vous en avez besoin. Si le mot « anges » a une connotation religieuse, les termes « guides », « esprits » et « ancêtres » évoquent des entités plus laïques. Je crois en eux tous. Je ne suis plus catholique, mais dans cette religion, ce qui m'apportait le plus de réconfort, c'était Marie et ses yeux doux ainsi que l'idée qu'un ange gardien veillait sur moi.

En grandissant, l'ange gardien est devenu mon grand-père ou ma grand-mère. J'avais toujours l'impression qu'il y avait quelqu'un sur qui je pouvais compter là-haut, mais ce n'était plus un type sans visage avec d'immenses ailes blanches et les cheveux de Fabio. C'était la mamie qui me prenait sur ses genoux quand j'étais triste, ou le papi qui me tenait la main quand nous allions ensemble au bureau de poste.

Il existe d'autres esprits qui ne sont peut-être pas vos ancêtres de sang, mais qui vous portent quand même un intérêt tout personnel. Je vois ces types comme un *think-tank* spirituel qui regarde constamment par-dessus mon épaule tout en me chuchotant à l'oreille : « Ooooh, tu es sûre de ton coup, là ? Bon, O.K. Très bien. » Une espèce de Jiminy Cricket, quoi.

« L'esprit » est un terme global qui comprend tout ce qui n'est ni sous forme solide ni techniquement vivant. Cela inclut l'ensemble des guides, des ancêtres, des anges, des êtres de l'entre-deux, ainsi que les choses que vous voyez du coin de l'œil. Ce mot est le plus souvent employé de manière positive : par exemple, dans « laissez l'esprit vous guider ».

C'est très bien de demander du soutien lors de travaux magiques, mais si vous demandez de l'aide à quelqu'un, cela ne peut pas être la seule activité que vous faites avec lui. Il est important d'honorer ces esprits. Vous pouvez méditer et les remercier, leur envoyer une prière, leur laisser des offrandes dehors ou sur votre autel, ou faire un don à une cause qu'approuverait l'esprit en question.

Il doit y avoir de l'équilibre en toute chose. J'ai des photos de mes grands-parents, et pour rendre hommage aux racines mexicaines de mon mari, nous les déplaçons sur une *ofrenda* pour le mois d'octobre. J'allume des bougies pour eux et je dis des prières.

Parfois, lors d'une lecture, j'« entends » ce que je suis censée dire ensuite. Ce n'est pas réellement auditif, mais simplement dans ma tête. Il m'arrive d'entendre les esprits rire quand je dis quelque chose de drôle ou de ridicule. Parfois, j'effectue une lecture particulièrement intense et j'entends un « Ouuuh, dur ! » de leur part. Nous avons notre relation bien à nous !

CONTACTER DES ESPRITS ET DES GUIDES

Si vous choisissez de travailler avec des esprits, des guides, des anges ou vos ancêtres, soyez respectueux. Restez cohérent et dites toujours merci.

Voilà comment entrer en communication avec vos guides :

1. Rendez-vous dans votre espace calme.
2. Trouvez une méditation qui fonctionne pour vous. J'ai découvert qu'en fixant une flamme de bougie dans une pièce calme et sombre, j'atteignais rapidement le bon état d'esprit.
3. Ancrez-vous et recentrez-vous.
4. Après avoir atteint un état d'esprit paisible, demandez à vos guides de se montrer. Il peut s'agir de vos proches décédés, d'anges ou de vos guides.
5. Demandez-leur leur nom et s'ils ont des messages à votre attention.
6. Remerciez-les.
7. Soufflez votre bougie ou terminez votre rituel d'une autre manière.

Vous aurez peut-être besoin de répéter le processus plusieurs fois avant d'y arriver. C'est un entraînement, pas quelque chose à faire une seule fois. Vous pouvez choisir la personne qui vient à vous en employant son nom et en disant « non » si quelqu'un qui vous met mal à l'aise se présente. N'oubliez pas que c'est vous qui gérez le processus. Cette réalisation s'accompagne d'un contrôle de la situation.

Peut-être va-t-on venir vers vous et vous parler, ou peut-être percevrez-vous des sensations, des odeurs ou des signes. Quand vous êtes dans votre espace calme, vous pouvez demander à ce que des lumières, un oiseau ou un mot particulier constitue le signe de vos guides pour vous montrer qu'ils veillent sur vous. Persévérez jusqu'à ce que vous trouviez un signal qui fonctionne pour vous. Étant donné mon obsession pour le jeu vidéo *The Legend of Zelda*, j'entends souvent « hé, écoute ! » quand l'un de mes guides veut me parler ou me faire remarquer quelque chose. Ce qui se produit après que j'ai entendu cette voix désagréable de fée au fond de ma tête s'avère toujours significatif.

Plus vous devenez chevronné dans la communication avec vos guides, plus vous pouvez requérir des conseils, de la protection et des suggestions de leur part. Vous pouvez solliciter leur présence à vos côtés quand vous êtes stressé ou effrayé. Vous pouvez leur demander de garder un œil sur vos proches. Votre relation à vos guides est précieuse et unique.

— PLANCHES À ESPRITS —

Il existe des outils tels que les planches à esprits et les pendules, qui servent à communiquer plus clairement avec ses guides. Nous parlerons des pendules dans la partie sur la divination. Les planches à esprits sont également connues sous le nom de marque « Ouija© » et ont une réputation plutôt mitigée. D'après ce que j'ai pu voir, les personnes qui les ont utilisées tout au long de leur enfance ou adolescence et qui ont eu de bonnes expériences avec elles les adorent et se sentent en sécurité quand elles s'en servent. Moi, j'ai joué avec des planches à esprits pendant des soirées pyjama et je n'ai pas du tout de bons souvenirs avec elles.

Je nous revois dans la cave d'un ami, tous un peu effrayés, mais rigolant bêtement. Nous avons demandé le nom de l'esprit qui communiquait avec nous. La flamme de la bougie qui brûlait près de la table s'est brusquement élevée : elle faisait près de dix centimètres de haut. Au même moment, la planchette s'est envolée de la planche et a foncé droit dans le mur qui était à presque deux mètres de là.

Une amie m'a dit qu'à une de ses soirées pyjama, la planche à esprits a déclaré que l'un d'eux mourrait cette nuit-là, ce qui a résulté en une hystérie totale ; chacun s'est mis à appeler ses parents pour rentrer chez lui. Mon amie n'a pas pu dormir pendant des jours. Pour ma part, je me méfie énormément des planches à esprits.

Cela dit, j'en ai utilisé depuis que je suis adulte et tout s'est très bien passé. Nous avons purifié l'énergie autour de la planche et posé des cristaux sur la table. L'une de mes amis, qui est maître de *reiki*, a accompli une harmonisation sur chacun d'entre nous, et nous avons fait attention à clore la séance une fois que nous avions terminé. Dans ma tête, je vois tout portail menant à l'autre côté comme une voiture circulant dans un mauvais quartier. Vous pouvez aller récupérer votre ami, bien sûr, mais deux autres types peuvent aussi se glisser sur la banquette arrière sans votre permission et sans que vous le remarquiez, alors agissez intelligemment. Chez moi, j'ai deux planches avec une poignée de sel dans leur boîte afin de les neutraliser.

Toutefois, peut-être que vous êtes comme mes amis qui adorent les planches à esprits. Ils les trouvent amusantes et les voient comme une manière facile de parler à des guides ou à des proches disparus. Ils ne semblent pas avoir de problèmes avec elles. J'ai même une amie qui les collectionne et qui m'affirme qu'elle n'a jamais eu le moindre souci.

Avant d'utiliser des outils, quels qu'ils soient, demandez-vous si vous êtes à l'aise avec l'idée de vous en servir. Vous ne voulez surtout pas utiliser un outil uniquement parce que vous vous sentez obligé de le faire. Assurez-vous de pouvoir vous recentrer et d'être ancré avant d'aller traîner dans l'autre monde. Soyez sûr de qui vous êtes, de ce que vous voulez et du fait que votre maison et votre esprit soient protégés. Ensuite, seulement, vous pouvez vous amuser.

Une séance typique comprend au moins deux personnes assises autour d'une planche à esprits. Vous placez vos mains sur la planchette et demandez à parler à un esprit. La réponse peut être épelée ou bien se réduire à un « oui » ou à un « non ». Quand vous avez fini, n'oubliez pas de clore la séance en disant au revoir.

— ÉLÉMENTAUX —

Les élémentaux sont des esprits de la nature dont vous pouvez demander l'aide dans votre magie.

Le plus facile est de les voir comme des fées. Les élémentaux de la Terre, de l'Air, du Feu et de l'Eau sont tout autour de nous dans la nature. Quand vous êtes en extérieur, vous pouvez requérir leur assistance pour vos sortilèges. Je n'ose pas trop inviter d'élémentaux chez moi ; peut-être ai-je lu trop de contes expliquant ce qui se passe quand on conclut un marché avec le monde des fées.

J'aime invoquer des élémentaux quand je fais de la magie dehors. C'est une simple invitation – ni un marché ni un accord –, mais s'il y a des esprits de l'Air ou de la Terre à proximité, je leur demande s'ils peuvent m'aider, et ensuite, je leur laisse une petite offrande, comme du tabac, un joli caillou ou bien une fleur.

Je ne fais rien de plus intense que ça avec les élémentaux, mais d'autres personnes ont avec eux une connexion plus profonde. C'est toujours bien d'honorer la terre sur laquelle vous vous trouvez ainsi que les esprits qui la partagent avec vous. Reconnaissez que vous n'êtes pas seul sur ce territoire et qu'ils étaient là avant vous. Apprenez l'histoire de la terre sur laquelle vous vivez et lancez un appel énergétique pour voir si vous pouvez sentir les esprits qui y habitent. Faites preuve de respect et de gentillesse. Si vous prenez soin du terrain où vous vous trouvez, lui aussi peut prendre soin de vous.

Partie 2
LES SORTILÈGES

Ces sortilèges ont été recueillis auprès d'amis, dans des livres, des souvenirs, des expériences et dans la tradition orale. J'ai indiqué mes sources partout où je l'ai pu, mais il m'a été parfois impossible de trouver l'origine de certains sorts. J'ai fait au mieux. Je rends hommage aux hommes et aux femmes qui sont venus avant moi et qui ont perpétué ce savoir. Je rends hommage à mes ancêtres. Je rends hommage à mes frères et sœurs sorciers et aux épreuves qu'ils endurent. Chacun de ces sorts vous aidera à concentrer votre intention et à apporter des changements positifs à votre vie. J'ai aussi inclus quelques superstitions, parce que quand des histoires sont transmises de génération en génération pendant des siècles, il y a généralement une raison.

n°7

Chance

Il y a en nous quelque chose qui désire fortement endosser un rôle plus actif dans la façon dont se déroule notre vie. Si nous pouvions influer sur cette dernière ne serait-ce qu'un petit peu, nous nous sentirions plus capables, voire invincibles. Toutes ces magies sont des objets que vous pouvez facilement trouver chez vous et qui étaient accessibles à nos ancêtres.

Cela peut aider de voir la chance comme quelque chose qui est à portée de main. Pensez au sentiment que vous avez quand vous voyez une étoile filante (« Oh là là, mais regarde ! Une étoile filante ! Vite, fais un vœu ! »). Voilà exactement ce qu'est la chance. On tombe sur elle par hasard, et une fois qu'on l'attrape, on doit la protéger des pensées négatives. Mon amie Sarah Kate dit que certaines personnes deviennent des aimants à chance et d'autres des repoussoirs de chance.

Les aimants à chance sont merveilleux. La chance vient à eux, par exemple en faisant en sorte qu'ils trouvent la place de stationnement parfaite alors qu'ils avaient peur d'être en retard. Après cela, ils n'envisagent pas d'étendre et d'encourager cette chance. Et si vous vous leviez chaque jour en proclamant : « aujourd'hui va être une super journée » ? Cela entraîne votre cerveau à trouver de bons éléments pour appuyer cette déclaration. Quand vous êtes dans cet état d'esprit, vous prêtez attention aux éléments positifs de l'univers, ce qui vous aide à voir au-delà des trucs nuls qui vous arrivent. Vous restez affecté par ces choses négatives, mais elles ne vous tirent pas vers le bas. Une fois que la chance vient à vous, cultivez-la au lieu de la balayer d'un revers de main sans en chercher davantage.

La chance est parfois trouvée et d'autres fois créée, mais toutes ces magies sont là pour donner un peu de légèreté à vos pas et pour vous aider le long du chemin.

Les repoussoirs de chance semblent toujours avoir les sourcils froncés et exister entre deux plaintes. « C'est pas croyable qu'il pleuve ! », disent-ils, au lieu de chercher l'arc-en-ciel. Avec cet air aigri et blasé, ils s'attendent à ce que tout ce qu'il y a de négatif leur tombe dessus.

Si vous cherchez le négatif, vous allez forcément le trouver.

Tendre les bras à la chance et à l'optimisme n'est pas un banal idéal de Bisounours. C'est se rendre compte qu'être optimiste à notre époque est une déclaration politique et un niveau de « coolitude » auquel la plupart des gens devraient aspirer. C'est être heureux et garder la tête haute *malgré* toutes les difficultés que vous rencontrez, et adhérer à l'idée que oui, vous méritez des choses positives.

Voici quelques superstitions concernant la manière d'obtenir et de conserver la chance et de reprendre sa vie en main. J'ai essayé de les régionaliser, mais elles se recroisent toutes et on les trouve dans tant de traditions différentes que cela était vain. Ce sont des astuces données par nos ancêtres pour avoir de la chance, des conversations agréables et jouir d'une protection.

MAGIE POPULAIRE ET — SUPERSTITIONS SUR LE — THÈME DE LA CHANCE

Glissez une clé en fer dans votre poche. On dit que le fer tient les fées farceuses à distance, et porter sur vous un morceau de fer est une manière sûre de les empêcher de vous détourner de votre chemin.

Vous possédez une clé qui n'ouvre rien ? Si elle n'ouvre rien de ce qui vous appartient, alors son potentiel est sans limites. Quels mystères et merveilles s'offrent donc à vous ? Avoir une clé qui ne correspond à aucune serrure fait de vous le détenteur de la clé du monde.

Si vous dites « *rabbit*, *rabbit* » à voix haute le premier jour du mois, vous aurez de la chance tout le reste de ce mois. J'ai fait tout un tas de recherches sur cette superstition, mais je ne suis pas parvenue à en trouver l'origine. Cependant, je peux vous dire que c'est drôle d'essayer de s'en souvenir. Avec mes enfants, on se crie ce mot le premier jour du mois, et ça nous amuse beaucoup. C'est une super façon de commencer le mois.

On dit que ça porte bonheur de suspendre un fer à cheval au-dessus d'une porte. Accrochez-le courbe vers le bas, de manière à ce qu'il forme un « U ». Il s'agit de vieille magie liée au fait que le fer à cheval ressemble à un croissant de lune et due à l'aversion des fées pour le fer. Si vous avez du fer sur le seuil de votre foyer, il y a moins de probabilités qu'elles se risquent à venir chez vous.

À chaque fois que vous voyez une étoile filante, votre pouls s'accélère et vous poussez un petit cri. Vous fermez les yeux et faites le plus gros vœu que vous pourriez souhaiter. Quelle incroyable bénédiction !

Avec votre cousin, les yeux dans les yeux, tirez sur un os à souhaits et crac ! Vous aurez le plus gros morceau. Obligé ! Faites un vœu.

Le sel est très lié à la magie et à la superstition. En jeter par-dessus son épaule gauche annule le mauvais œil que l'on a attiré sur soi en en renversant. J'ai vu des PDG à la cravate bien droite en lancer très vite par-dessus leur épaule, puis traiter immédiatement après cette coutume de « superstition idiote ». En magie, le sel sert à purifier l'énergie, à marquer les limites et à bannir les esprits négatifs.

Pour attirer la chance, serrez la main d'un ramoneur. C'est une vieille tradition, mais elle peut être plus compliquée à appliquer maintenant, car les ramoneurs se font plus rares.

Si une coccinelle se pose sur vous, elle vous portera chance. Être choisi par une de ces beautés est effectivement un grand honneur !

Toquer sur du bois peut soit réveiller les vieux dieux pour qu'ils vous viennent en aide, soit faire fuir les mauvais esprits. Cette tradition a aussi été adaptée par les pères du Midwest, qui se tapent légèrement le front pour s'attirer la chance.

Il existe plusieurs magies de couture relatives à la chance. Si vous trouvez un dé à coudre, cela porte chance. Si vous ramassez un bouton noir sur votre chemin, vous serez victime d'une malédiction. Laisser tomber une aiguille porte chance, mais moi, je pense que vous êtes encore plus chanceux si vous la ramassez sans vous l'enfoncer dans le doigt. Trouver une épingle est également signe de chance. Je pense que c'est aussi parce que vous ne vous êtes pas fait mal avec.

Voir un chat noir porte chance en Angleterre, mais malheur aux États-Unis. J'aimerais voir cette superstition changer pour refléter le fait que les chats noirs sont intelligents, charmants et merveilleux, quel que soit le pays où vous avez la chance d'en voir. J'en ai quatre : Minerva, Shuri, Leia et Luna, de vraies panthères domestiques !

Le fait de croiser les doigts pour se porter chance vient peut-être des premiers chrétiens qui se bénissaient eux-mêmes ainsi que leur fortune, ou bien de la magie qui repose dans les entre-deux : les seuils, les embrasures, les carrefours, les doigts croisés, etc. En plein changement, l'espoir est sans limites.

En retenant votre souffle ou en croisant vos doigts quand vous passez devant un cimetière, vous empêcherez la Mort de vous voir. Un peu comme Harry Potter et sa cape d'invisibilité, le fait d'interrompre les signes de la vie ou l'invocation d'une bénédiction vous fera échapper à l'attention de la Mort elle-même.

SACS-AMULETTES

Plusieurs cultures ont recours à des « sacs-amulettes ». En hoodoo, on les appelle « mojo » ou *juju bags*. Certaines tribus amérindiennes, telles que les Crows, les Pieds-Noirs ou les Sahnishs, les appellent « sacs médecine ». Leur but est de rassembler quelques objets sacrés ou symboliques pour à la fois vous protéger et vous porter chance.

Avant que j'aille à La Nouvelle-Orléans pour la première fois, on m'a fait une lecture de tarot : on m'a informée que j'avais trop de feu en moi et que j'avais besoin d'un point d'eau pour restructurer mon énergie et trouver un équilibre. Joe et moi sommes arrivés dans cette magnifique ville juste au moment où le soleil se levait. Nous nous sommes garés presque au bord de l'eau, et, assis, nous avons regardé le lever de soleil en entier. C'était l'un des meilleurs moments de ma vie. Nous nous sommes rendus au *Café du Monde* et avons commandé du café et des beignets tout frais. Au fil de nos déambulations, nous avons atterri dans la *House of Voodoo* de Marie Laveau. C'est un espace assez chargé, avec beaucoup d'énergies qui volent en tous sens et de nombreux trésors sur les murs. Tous les quelques mètres, je voyais une sirène d'un genre ou d'un autre. C'était très étrange. Elles étaient partout, et c'était comme si je *devais* les voir, une sorte de « Où est Charlie ? » aquatique. J'ai remarqué un porte-clés, un jeu de tarot, un livre et une statue. Plus loin dans la boutique, j'ai vu une image de *la sirena*. C'est une belle sirène que l'on trouve dans les cartes de *Lotería*. Je l'ai saisie en riant, et je me suis avancée vers le caissier. Tandis que je payais, il m'a tendu un sac gris avec une amulette de sirène suspendue au sommet, en me disant : « Je crois que vous avez besoin de ça. »

Je ne lui avais pas parlé du tout depuis que j'étais entrée dans la boutique. D'ailleurs, je n'avais adressé la parole à personne. J'ai acheté le sac-amulette et, plus tard, quand je l'ai ouvert, j'y ai trouvé un petit coquillage, une plume blanche, une pierre bleue et du sable.

Pendant plus d'un an, j'ai emporté ce petit sac partout avec moi. Je le mettais dans mes poches, dans mon soutien-gorge, dans mon sac à main. Si je l'avais oublié, je faisais demi-tour et me ruais dans la maison pour le récupérer. Avec lui, je me sentais à l'aise. Il m'aidait à me concentrer et me procurait une sensation agréable et chaude qui me donnait de l'assurance.

Après un moment, cependant, j'ai commencé à avoir l'impression que ce n'était qu'un sac avec des bricoles dedans. Le pouvoir et l'énergie des amulettes dans le sac s'étaient dissipés. J'ai cherché ce qu'il fallait faire avec un ancien sac-amulette et j'ai rendu tous les objets naturels à leur élément. Le coquillage est allé dans une rivière (j'habite loin de la mer, je suis sûre que le coquillage a compris). Le sable est parti dans mon jardin. La sirène a fini dans ma collection d'amulettes, et j'ai mis la plume dans un nid posé dans mon lilas. Le sac avait fait son travail. J'ai donc dit une petite prière de remerciement. Le mieux dans tout cela, c'est que le sac-amulette m'a aidée à faire mes premiers pas vers l'obtention de ma chance.

Comment fabriquer votre propre sac-amulette

FOURNITURES

Petit sac ou morceau de tissu

Amulettes ou petits bijoux

Sortilèges de nœuds ou fourbis (voir page 114)

Des herbes ou plantes qui renforcent votre intention

Des pierres ou cristaux qui s'alignent avec votre intention

De la terre provenant d'un endroit qui a une signification particulière pour vous

Autres symboles naturels : plumes, peau de serpent, fourrure, dents ou rognures d'ongles

Clous

Épingles ou verre cassé (si vous en utilisez, assurez-vous que le tissu soit suffisamment épais pour ne pas vous blesser)

Votre propre sang ou salive (ou ceux de votre enfant)

Vos propres cheveux ou ongles

Déterminez votre intention. À quoi va servir ce sac-amulette : uniquement à attirer la chance ? La chance et la protection ? Pourquoi fabriquez-vous ce morceau de magie ?

Trouvez un sac ou un morceau de tissu que vous aimez et qui tiendra dans votre poche.

Rendez-vous dans votre espace calme. Allumez une bougie et brûlez un peu d'encens.

Alignez les objets devant vous et demandez-leur de vous protéger. Vous pourriez dire « Plume, aide-moi à me sentir plus léger et à m'envoler loin de mes soucis. » ou « Quartz rose, aide-moi à ouvrir mon cœur et à le garder accessible. »

Fermez le sac ou le tissu par trois nœuds. Serrez très fort. Vous ne voudriez surtout pas qu'il s'ouvre tant que l'énergie n'est pas complètement épuisée.

Remerciez l'univers pour la chance que vous allez recevoir.

Quand c'est terminé (vous le saurez), rendez les éléments naturels au monde. Quant aux éléments artificiels, ils peuvent se trouver une place dans votre maison.

Règles des sacs-amulettes

- Ne les ouvrez pas pour les bricoler quand ils sont en état de marche.
- Ne les offrez pas.
- Ne les montrez à personne, sauf si vous y êtes obligé. C'est de la magie privée que vous créez et alimentez pour vous-même.
- N'utilisez que vos propres cheveux et ongles (ou ceux de vos enfants). Vous pourrez probablement utiliser ceux de votre conjoint(e) si vous fabriquez des sacs ensemble ou que vous avez sa permission explicite. Tout ce qui est lié à vos enfants vous remontera le moral.

n°8

Prospérité

La première étape pour atteindre la prospérité, c'est de dire adieu à la mentalité négative que nous sommes nombreux à traîner. Nous méritons de bonnes choses. Nous méritons d'être en sécurité. Nous méritons d'avoir assez, et même plus. Quand vous recevez, dites « Merci. Je suis reconnaissant. Encore plus, s'il vous plaît. » C'est difficile de corriger cette façon de penser, parce que l'argent est souvent entouré d'histoires de famille et de sentiments. Si vous avez grandi dans une famille pauvre, vous avez développé la mentalité d'une personne qui vit dans le manque. On peut passer toute sa vie à lutter contre cela. Par chance, nous avons un peu de magie pour nous assister.

Ces sortilèges et superstitions vont vous aider à atteindre l'état d'esprit dont vous avez besoin pour que votre porte-monnaie soit aussi rempli qu'il devrait être.

HISTORIQUE DE VOTRE RELATION À L'ARGENT

Afin de réécrire votre relation à l'argent, il est fort utile de commencer par retracer votre histoire vis-à-vis de celui-ci.

Imaginez que vous rédigez vos mémoires ou que vous écrivez à un ami de confiance. Commencez par vos plus vieux souvenirs liés à l'argent ; ce que ça faisait d'en avoir ; combien d'argent est-ce qu'« assez » représentait. Le moment où vous avez pris conscience de la façon dont votre famille gérait l'argent. Le récapitulatif de l'historique de votre relation à l'argent vous aidera à comprendre les complexes, la honte ou la culpabilité que vous pourriez avoir vis-à-vis de celui-ci.

Voici quelques-unes des questions que vous pouvez vous poser :

- Quelle était la situation financière de votre famille à votre naissance ?
- À quel moment vous êtes-vous aperçu que vous étiez riche, que vous apparteniez à la classe moyenne ou que vous étiez pauvre ?
- Que ressentait votre famille vis-à-vis de son statut financier ?
- Quand avez-vous commencé à gagner votre propre argent ? Comment le dépensiez-vous ?
- Vous a-t-on appris à économiser ?
- Quel a été votre parcours émotionnel vis-à-vis de l'argent ?
- Comment sera votre nouveau rapport à lui ?

Par exemple, mes parents ne nous ont jamais dit qu'on devait se serrer la ceinture, mais on savait qu'il ne fallait pas réclamer des choses qui n'étaient pas considérées comme des nécessités. Nous mangions beaucoup d'aliments provenant du jardin et nous n'allions jamais au restaurant. À l'adolescence, tout l'argent que je gagnais en faisant des petits boulots était directement mis de côté pour payer mes futurs frais universitaires ; c'était pour le moi le seul moyen d'aller à l'université plus tard.

Entrez dans les détails et écrivez tout ce dont vous vous souvenez. Rappelez-vous que vous n'avez pas besoin de partager ce récit, donc soyez aussi honnête que possible.

L'étape suivante consiste à écrire votre futur :

- Quel genre d'emplois occuperez-vous ?
- Combien d'argent aurez-vous sur votre épargne ?
- À quoi ressemblera votre maison ?
- Comment apprendrez-vous à vos enfants (si vous en avez) à gérer de l'argent ?
- De combien d'argent aurez-vous besoin pour votre retraite ?
- Qu'est-ce que cela vous fera de contrôler vos finances, plutôt que de les laisser vous contrôler ?

Continuez dans cette veine jusqu'à ce que vous ayez suffisamment donné forme à votre futur avec l'argent. Gardez en lieu sûr cette composition sur votre historique vis-à-vis de l'argent, afin que vous puissiez la consulter à nouveau pour examiner vos progrès. De plus, je conseille toujours aux gens de se trouver un conseiller financier pour qu'ils puissent connaître précisément leur situation et avoir des objectifs légitimes à viser.

Une relation compliquée avec l'argent affecte chaque aspect de votre vie. Voilà pourquoi vous devriez avoir hâte de la contrôler. Si vous utilisez ces sorts, vous devriez pouvoir jeter un œil à votre compte en banque tous les matins sans grimacer.

— CARTE AU TRÉSOR —

Dans *Libérer l'énergie de l'argent*, Maria Nemeth parle de créer une carte au trésor pour atteindre ses objectifs financiers[19]. Semblable à un tableau de visualisation, il s'agit d'une représentation visuelle de ce à quoi vous voulez que ressemble votre vie. Au début, cela peut être intimidant de s'intéresser à quelque chose qui paraît si loin de là où vous vous trouvez actuellement, mais après avoir dit à votre petite voix intérieure de se taire, vous pourrez commencer à vous enthousiasmer à la perspective du futur qui vous attend. Quand Jim Carrey était un acteur à la dérive, il s'est fait un chèque de dix millions de dollars et l'a daté du jour de Thanksgiving, dix ans plus tard. Il a rangé le chèque dans son portefeuille et dix ans après, il a su qu'il allait gagner dix millions pour le film *Dumb and Dumber*. C'est là une autre version de la carte au trésor qui peut vous mener directement à l'endroit marqué d'une croix.

Choisissez un objectif atteignable. Parfois, le fait de commencer doucement peut renforcer votre confiance en vous et vous permettre de créer par

19 Nemeth (Maria), *Libérer l'énergie de l'argent : ami ou ennemi, lui donner un sens*, trad. Marie-France Muller, Éditions Jouvence, Archamps, 2002, 319 p.

la suite une carte pour atteindre un objectif plus important. Écrivez quel est votre objectif ou bien réalisez un collage qui montre comment y parvenir. Par exemple, je pourrais écrire : « Mon objectif est de gagner 500 $ par semaine pour les trois prochains mois grâce à des lectures de tarot », ou me dessiner avec un certain nombre de clients sur une période de trois mois. Découpez dans des magazines des images d'argent ou des chiffres qui correspondent à votre vision. Ayez un œil sur vos revenus, fixez-vous une date et gardez-la en tête. Consultez votre carte au trésor quand vous le pouvez. La mienne est suspendue à côté de mon miroir de salle de bains.

Quand vous atteignez votre but, dites « Merci. Je suis reconnaissant. Encore plus, s'il vous plaît ! » Ensuite, fixez un autre objectif. Pourquoi pas ? Vous méritez de bonnes choses.

— AUTEL FINANCIER —

Sur mon autel principal, j'ai un petit récipient. Tous les mois, je le nettoie puis je recommence ; c'est mon autel financier. J'ai eu des problèmes d'argent, par le passé. Quand j'étais petite, nous étions si pauvres que le seul fromage que nous mangions venait d'une aide gouvernementale, et si l'on ne faisait pas pousser des légumes dans le jardin ou qu'on ne procédait pas à l'abattage annuel, on ne mangeait pas. Quand c'était la fête, on avait droit à des *Happy Meals*™, qu'il fallait partager. J'ai pris des décisions financières stupides quand j'étais jeune, et puis moins jeune.

Lorsque j'en ai eu marre d'avoir peur de l'argent, la première chose que j'ai faite a été de déterminer une façon de participer activement à ma vie financière. Désormais, je peux calmement vérifier mon solde tous les matins, plutôt que de paniquer à l'idée de ce que je pourrais y trouver. La transition a été très difficile, parce que je m'étais fait à l'idée que l'argent me gérait moi, et non l'inverse.

Je me sers de mon autel financier toutes les semaines et je le nettoie et le réinitialise chaque mois. Je le fais parce que c'est important pour moi d'avoir un contact avec l'argent, et que ça m'est plus facile d'entretenir une bonne relation avec lui quand je lui porte un intérêt.

FOURNITURES

Petit récipient

Pièces

Billets

Bâtons de cannelle

Menthe

Amulettes ou petits bijoux dorés

Papier

Stylo

Commencez à créer votre petit autel financier à la pleine lune. Il peut être composé de tout ce que vous avez à votre disposition. J'ai utilisé chacun des outils ci-dessus ainsi que des magnétites (des pierres magnétiques), un œuf de rouge-gorge et une carte de visite d'une entreprise où je voulais travailler. Tous les deux ou trois jours, ajoutez-y quelque chose. Nourrissez-le, en quelque sorte. Donnez-lui une pièce, un petit bijou, de la menthe fraîche... Écrivez-vous un message en y précisant la somme d'argent que vous voulez attirer vers vous et laissez-le sur l'autel. Approchez toujours cet autel avec optimisme et des attentes. La veille de la nouvelle lune, retirez tous les composants et mettez-les de côté. Nettoyez entièrement l'autel.

Prenez les pièces et les billets que vous avez déposés sur l'autel au fil du mois et donnez-les à vos enfants, déposez-les dans une boîte à dons à la bibliothèque, etc. Je laisse des petits tas de pièces à des endroits où je sais que passent des personnes qui en ont besoin. L'intention ici est de faire circuler la richesse. Quand on s'en sort tous mieux, chacun y trouve son compte.

Au début de la pleine lune, recommencez. C'est une activité dans laquelle votre famille peut vous aider. De plus, je vous recommande le jeu de cartes *Money Magic Manifestation Cards*, créé par la sorcière et lectrice de tarot Ethony. C'est un jeu de quarante-huit cartes aux merveilleuses affirmations telles que « J'ai la permission d'être riche. » ou « L'argent afflue vers moi sans effort. » Elles peuvent vous aider à réaligner votre opinion vis-à-vis de l'argent, ce qui invitera le reste de cette énergie à affluer.

Après un mois environ, retirez toutes les pièces qui se sont accumulées tout au long de cette période, et donnez-les ou laissez-les là où des personnes pourraient les trouver. Remettez-les en circulation pour que davantage d'argent vous parvienne.

SORTILÈGE DE TIRELIRE D'URGENCE

Voici un sortilège utile quand vous avez besoin d'argent dans l'immédiat. Utilisez-le avec prudence. Quand vous lancez ce sort, assurez-vous d'être précis. On ne veut pas d'un héritage, mais juste d'assez d'argent pour payer à la fois les factures d'électricité et de téléphone pour le mois. N'oubliez pas le *Rede* wiccan, « tant que nul n'est lésé », si c'est là un mantra que vous suivez. On ne veut pas obtenir cet argent aux dépens d'autrui.

Je me suis aussi rendu compte que ce sortilège fonctionne encore mieux si l'on l'effectue rapidement; aussi vite que l'on souhaite que l'argent nous parvienne !

FOURNITURES

Pièces de monnaie (Les dollars en argent ou les dollars Sacagawea sont ultra-brillants et parfaits pour ce sort.)

Bougie votive ou chauffe-plats verte

Stylo

Papier suffisamment grand pour envelopper la pièce de monnaie

Tout en exécutant ce sort, songez à l'argent en train d'arriver et d'aller dans votre compte en banque. Visualisez votre solde qui augmente de ce montant précis. Imaginez à quel point vous serez soulagé quand il vous parviendra. Gardez votre esprit concentré sur le « quand » plutôt que sur le « si ».

Écrivez la somme d'argent dont vous avez besoin. N'allez pas trop au-delà de cette somme.

Enveloppez la pièce dans le papier. Versez un peu de cire sur le papier pour le sceller. Placez le tout sur votre autel financier.

Après avoir reçu l'argent, je veux que vous économisiez 10 % de cette somme pour en faire don. Peu importe le temps que ça prendra. C'est important de redonner à la communauté qui a sorti un lapin de son chapeau pour vous aider. Quand vous avez l'argent, ensevelissez dehors le paquet complet du sortilège, de préférence dans votre jardin.

— BOUGIE FINANCIÈRE —

Je vois de nombreuses bougies à 25 $ pièce qui sont vendues comme des aimants à argent ou des moyens d'améliorer son business. Il y en a de très jolies, mais je me pose toujours cette question : si l'on a des problèmes d'argent, est-ce qu'on devrait vraiment dépenser 25 $ pour une bougie ?

Les bougies de neuvaine sont des bougies hautes et colorées, enfermées dans des bougeoirs en verre, que vous pouvez trouver dans certains marchés et églises. En général, elles coûtent environ 3 $. Pour de la magie financière, choisissez-en des vertes.

Ces bougies durent généralement une semaine et peuvent brûler longtemps sans surveillance. Soyez tout de même prudent et veillez à ne pas réduire votre maison en un tas de cendres. Vous allez oindre la bougie avec de l'huile de prospérité que vous concocterez vous-même. Il s'agit là d'un outil supplémentaire pour renforcer l'intention de votre sortilège. Toutefois, méfiez-vous : la cannelle peut brûler et l'huile tacher.

Vous pouvez recourir à ce sort pour attirer un nouvel emploi, réussir des entretiens d'embauche et réduire vos dettes. La pleine lune est propice à sa réalisation. Ce qu'on veut, c'est que les choses grandissent.

FOURNITURES

Bougie de neuvaine verte

Marqueur indélébile noir

Huile d'olive

Cannelle en poudre

Servez-vous de votre marqueur pour écrire des affirmations à la première personne. Par exemple : « Je mérite la richesse. Je suis à l'aise financièrement. Je peux payer toutes mes factures. Je serai toujours à l'aise. » Vous n'avez pas besoin de pouvoir les lire, puisque vous saurez ce que vous avez écrit.

Mélangez une mesure d'huile d'olive avec une cuillère de cannelle et tracez ce sigil sur la bougie.

Il est élaboré à partir des lettres du mot « *wealth* », « richesse » en anglais.

Sigil de la richesse

Allumez la bougie et laissez-la se consumer entièrement.

Remerciez l'univers.

Quand votre bougie a fini de brûler, vous pouvez la recycler.

TROUVER UN NOUVEL EMPLOI

Lorsque votre emploi actuel ne vous nourrit plus, ou simplement quand vous voulez vous attaquer à un nouveau défi, la recherche d'un nouveau travail peut paraître une tâche insurmontable. Il y a plusieurs choses que vous pouvez faire pour vous aider à progresser dans la carrière de votre choix.

Après un entretien d'embauche, le recruteur vous donne habituellement sa carte de visite. Ne la perdez pas. Vous allez vous en servir après avoir envoyé un e-mail de remerciement à cette personne.

C'est un sortilège simple, mais vous devez vous raccrocher à votre optimisme à la fois avant et après l'avoir effectué. Parlez de ce poste comme si vous l'occupiez déjà. Décidez à quoi ressemblera votre bureau. Choisissez ce que vous allez acheter avec votre première paie. Atteignez ce niveau de confiance en vous avant d'accomplir le sort.

FOURNITURES

Carte de visite du recruteur

Bougie orange

Huile d'olive

Cannelle en poudre

À l'arrière de la carte de visite, écrivez : « J'accepte ce poste avec plaisir. » Sur la bougie, à distance de la flamme, écrivez « oui » à l'aide de votre doigt avec un mélange d'une mesure d'huile d'olive et d'une cuillère de cannelle. Placez la carte sous la bougie et allumez cette dernière.

Ensuite vient l'action. N'oubliez pas d'accompagner le sort d'un remerciement à l'univers. N'arrêtez pas de chercher d'autres propositions. Soyez intelligent dans votre recherche d'emploi. Demandez à un professionnel de jeter un œil à votre C.V. Continuez de tout faire pour obtenir un emploi (même si vous êtes presque sûr de décrocher celui-ci). Montrez à l'univers que vous êtes déterminé.

MAGIE POPULAIRE ET SUPERSTITIONS SUR LE THÈME LA PROSPÉRITÉ

Trouver un centime côté face porte chance, tout comme le fait de retourner un centime qui était côté pile, pour que quelqu'un d'autre le découvre du bon côté.

Faites pousser de la menthe près de votre portail de jardin pour être prospère.

Laissez un peu de monnaie sur le rebord de la fenêtre pour que l'argent sache toujours où vous trouver.

Mettez quelques centimes dans votre placard de cuisine pour toujours avoir de l'argent.

Pour être prospère, prenez un bocal d'une contenance d'un quart de litre et remplissez-le de miel, de graines, de haricots secs, de grains de riz et de monnaie. Enterrez-le dans votre cour, près du perron. Cela fera venir l'argent chez vous et l'invitera à y rester.

n°9

Foyer

Une maison et un foyer sont deux concepts distincts. Une maison ou un appartement, c'est un endroit où vivent des gens. Un foyer est un lieu où des personnes vivent, aiment, forgent des liens et se sentent en sécurité. La sécurité joue un rôle important dans cette différenciation. Si quelqu'un vit dans un lieu où son parent ou partenaire lui donne la sensation de ne pas être en sécurité, ce lieu n'est qu'une maison. Le foyer est normalement l'endroit où l'on peut baisser la garde, se délester des insultes de la journée et trouver un réconfort immédiat. C'est censé être un refuge.

Cela fait presque vingt ans que j'habite dans ma maison actuelle. J'y ai vécu tout au long d'un mariage qui n'a pas fonctionné, puis pendant mes années en tant que mère célibataire, et maintenant, avec mon cher et tendre, mes enfants et mes animaux. L'énergie de notre foyer s'est modifiée à chaque fois qu'un changement s'est produit ; quand une personne a quitté la maison ou qu'une autre a emménagé ; lorsque nous avons perdu l'un de nos animaux ; quand nous avons adopté trois chatons noirs, ce qui a complètement outré notre chat noir de deux ans. Lorsque nous avons peint les murs et déplacé les meubles. C'est bien la même maison, mais un foyer différent.

Si quelque chose d'aussi superficiel que de la peinture peut transformer l'énergie d'une maison, demandez-vous quel genre de magie vous pouvez faire avec un effort soutenu ! Avec un peu de chance, vous pourrez insuffler à votre foyer le type d'énergie qui donne à tous vos visiteurs une impression de sécurité. Vous pourrez en faire le style de foyer où les amis de vos enfants n'ont pas peur d'être eux-mêmes ; où vos amis peuvent passer à l'improviste sans que vous ne ressentiez le besoin de faire le ménage à la hâte avant qu'ils ne débarquent ; où les gens se servent tranquillement dans le frigo sans rien demander. Voilà le genre d'énergie que nous visons, et c'est notre objectif à tous. Un lieu où l'on se sent en sécurité, où l'on respire.

BÉNÉDICTION DES FRONTIÈRES DU FOYER

Tout d'abord, si vous avez l'impression que votre maison a un animus (c'est-à-dire un esprit ou observateur du territoire où vous vivez), vous pouvez faire en sorte de l'inclure dans votre démarcation de frontières. Vous pouvez par exemple lui faire des offrandes. Chaque jour ou semaine, déposez un peu de tabac, d'encens, de lait, de miel, etc., dans les bois juste au-delà de la limite de votre foyer, afin qu'il soit conscient que vous savez à qui appartient la terre (pas à vous). Dites juste« merci ». Vous n'avez pas à lancer un dialogue, à méditer ou à essayer de le contacter. Dites « merci », posez votre offrande et rentrez chez vous.

Si vous avez un esprit domestique, vous pouvez faire de même en laissant de petites offrandes sur le rebord de vos fenêtres de cuisine ou sur votre autel.

Pour l'amour de tout ce qui est sacré, ne donnez pas de nom à cette chose. Ce n'est pas un chiot.

Si vous la nommez, elle va vous prêter davantage attention, ce qui n'est pas souhaitable. Vous pouvez respectueusement l'appeler « l'Autre ». « L'Ancien ». « Vos assistants », s'il y en a plusieurs. Un titre ou une description, oui, mais pas un nom.

J'ai un ami qui s'est mis à accuser « Tilda » à chaque fois que quelque chose allait mal dans sa maison. « Oh, Tilda a renversé le sel. Tilda a caché mes clés. » Au bout d'un moment, il se produisait constamment des choses, et pas des plus positives. Du coin de l'œil, mon ami voyait une petite silhouette. Par ses propos, il avait involontairement créé Tilda et lui avait donné un rôle. Et fichtre, elle remplissait sacrément bien sa mission de mettre la maison sens dessus dessous.

Mon ami m'a appelée alors que presque aucun jour ne passait sans un événement négatif, ce qui le rendait dingue. Je lui ai suggéré de dessiner la Tilda actuelle, puis de réaliser un second dessin, où elle aurait un nouveau rôle. Une sorte de relooking, en fait. Tout en dessinant, il a raconté une histoire où le nouveau rôle de Tilda apportait chance et bonheur à la maison et où Tilda était un membre important du foyer.

Ça a fonctionné.

Protégez votre maison. Vous pouvez tracer un cercle de sel tout autour de celle-ci, en y incluant le jardin et le garage si vous le désirez. Encerclez toutes les parties de votre domicile qui sont pour vous un foyer. Je ne vais absolument jamais dans mon jardin, mais mes chiens, oui, donc il fait partie de mon foyer. En gros, vous êtes en train de déclarer : « Voici mon espace vital et voilà le tien. Je respecte le tien, donc respecte le mien. » Vous déposerez vos offrandes à l'extérieur de ce cercle. Et oui, vous pouvez utiliser n'importe quel type de sel.

Vous pouvez protéger votre maison avec l'élément qui vous parle le plus ou bien avec chacun d'eux.

Air : Déambulez dans votre maison avec de l'encens et « peignez » l'air avec la fumée. Imaginez celle-ci en train de délimiter une frontière tout autour de votre maison.

Eau : Prenez un bol ou un verre d'eau et versez un peu de liquide dans les recoins. Visualisez chaque goutte d'eau en train de se dresser en bouclier pour votre maison.

Terre : Placez une pierre à chacun des quatre coins de votre foyer. Visualisez ces pierres en train de fixer au sol les coins de votre maison et de créer une limite.

Feu : Prenez une bougie et rendez-vous dans chaque coin de votre maison. Dans chacun d'eux, restez debout quelques instants, la bougie dans les mains, le temps de vous figurer la lumière en train d'emplir votre foyer.

À l'intérieur de vos frontières, vous créerez une grille de sélénite et de tourmaline. Sur chaque surface plane de votre maison, déposez un bâton de sélénite. Dans chaque coin de votre maison, placez un morceau de tourmaline et un petit bout de sélénite. Demandez à toute la famille de vous aider. La sélénite améliore la clarté et la protection spirituelles. La tourmaline vous ancre, vous relie à la Terre et permet d'aligner l'énergie des occupants de la maison avec celle de la demeure elle-même. Vous pouvez mettre la sélénite sur des étagères ou bien placer les pierres dans un petit sac à cordons coulissants et suspendre celui-ci au mur grâce à une punaise. Les pierres n'ont pas besoin d'être vues, seulement d'être présentes dans les coins et aux murs.

Si vous déménagez, retirez les pierres quand vous faites vos cartons et reconstruisez la grille une fois que vous arrivez dans votre nouvel espace de vie.

Pendant que vous accomplissez ceci, écoutez de la bonne musique. Assurez-vous que tout le monde soit heureux. Demandez à chacun de verrouiller dans sa tête l'idée de cette maison « en sécurité, heureuse et protégée ». C'est comme uriner sur la frontière de votre foyer, mais en version plus propre et aussi plus durable.

Nettoyez la maison. Vous pouvez le faire vous-même ou bien embaucher une femme de ménage. Assurez-vous que le nettoyage soit fait en profondeur. Vous voyez tous ces endroits que vous ignorez plus ou moins quand vous procédez au ménage habituel ? Je pense tout particulièrement à vous, dessous de placards de cuisine et ventilateurs de plafond !

Utilisez un bouquet de sauge ou une botte de foin d'odeur d'origine éthique pour « peindre » la pièce de fumée. Je commence toujours par le sous-sol et je progresse ensuite vers le haut. Après avoir nettoyé une pièce, allumez-y une bougie ou laissez la lumière allumée ; préférez la méthode la plus sûre. Là aussi, votre famille peut vous aider. Une fois que vous avez terminé, rassemblez-vous au niveau de la porte d'entrée, peignez-la de sauge ensemble, puis claquez-la. L'idée est la suivante : « la bonne énergie peut rester, la mauvaise doit s'en aller ». Faites bien attention à ne pas chasser la bonne énergie, sans quoi vous aurez un vide d'énergie, ce qui n'est pas terrible.

Concentrez-vous sur le fait de repousser l'énergie négative au-delà du seuil de votre domicile. C'est la raison pour laquelle je vous ai demandé de commencer par la délimitation des frontières et la bénédiction des seuils. Vous devez avoir une ligne distincte autour de votre maison, et votre seuil doit être renforcé afin que vous puissiez rejeter l'énergie négative loin de votre habitation. Voyez cela comme votre propre version du sas de Laura Roslin dans *Battlestar Galactica*.

Ensuite, recommencez le nettoyage de la maison au moins une fois par an. Faites-le quand vous avez des visiteurs peu recommandables et après les disputes. Vous pouvez aussi vous contenter d'effectuer l'entretien pièce par pièce.

— PROTECTION DU FOYER —

La première fois que j'ai eu recours à la magie de protection, j'étais seule dans mon nouvel appartement, et je sentais quelque chose m'observer. J'étais au deuxième étage et ma fenêtre donnait sur des arbres, donc il ne pouvait pas s'agir d'une personne.

Cette sensation ne me quittait pas, et en passant devant une fenêtre, j'ai vu quelque chose. Je ne sais pas ce que c'était. On aurait dit une boule d'énergie sombre avec des yeux. Un peu comme une boule de poils de l'extrême. Je ne l'ai vue qu'une demi-seconde, mais je savais qu'elle me fixait, que ce n'était pas bienveillant, et qu'elle me menaçait chez moi.

Ah ça, non. Hors de question. Je suis allée dans la cuisine, j'ai attrapé une poignée de sel et je l'ai jetée à la fenêtre en hurlant « Va te faire mettre ! », et la chose est partie se faire mettre.

Toutes les maisons ne sont pas des foyers. Il y a une énorme différence entre un endroit où vivent des gens et un foyer. Un foyer est un lieu où se créent des familles, que ce soient des familles de cœur ou de sang. Les foyers sont sacrés et l'énergie qu'ils abritent est puissante. Cela ne signifie pas que vous devez avoir une famille dans votre maison pour que celle-ci constitue un foyer. Cela veut simplement dire que l'amour et l'énergie qui s'y épanouissent en font un foyer.

Si une personne vit seule, son énergie envahit la maison et peut fluctuer en fonction des humeurs et des phases qu'elle traverse. À bien des égards, l'énergie est une extension de son aura, l'énergie qui entoure toutes personnes et toutes choses.

Tout comme vous pouvez améliorer votre aura personnelle en prenant soin de votre corps, de votre esprit et de votre âme, vous pouvez améliorer l'énergie de votre foyer en faisant du « ménage » dans l'espace physique, spirituel et émotionnel qu'est votre foyer. Vous pouvez gérer cette énergie et cultiver un espace sécurisé et sain dans lequel vivre.

Bonus : Plus l'énergie de votre maison est bonne, mieux vous vous sentirez, dormirez et ferez face aux problèmes. Si votre nid est sûr, le reste de votre vie aura beau devenir complètement dingue, il ne déracinera pas votre monde tout entier. Vous aurez un refuge. Vous pourrez respirer.

L'un de mes endroits préférés au monde est la maison de mon amie Sarah Kate. C'est là que j'écris. C'est là que je passe du temps avec mon groupe d'amis, où nous prenons le café et faisons des lectures de tarot. C'est là que je vais quand je suis triste et que j'ai besoin de pleurer un bon coup. Même si je n'y habite pas, c'est mon foyer pour plusieurs raisons. Tout d'abord, parce que Sarah Kate, son mari et son enfant s'aiment tous très fort. Ils s'apportent un soutien sans faille. La deuxième raison est que leurs amis sont toujours présents et toujours les bienvenus. Je ne saurais vous dire combien de fois je suis passée les voir en arrivant pile au moment où quelqu'un d'autre s'en allait. Les gens viennent à l'improviste et on leur offre à manger, à boire et une chaise confortable sur laquelle s'asseoir.

La troisième raison est que je m'y sens bien, tout simplement. Je me sens bien, là-bas. Je me sens bien quand j'arrive à la hauteur de leur maison ou que je m'assieds dans la véranda. Sarah Kate est une sorcière qui a enveloppé et imprégné sa maison de magie. Il y a de l'amour, du sang et de la poussière de brique dans cette magie, et ça se sent.

Les gens sont attirés par les foyers qui possèdent une bonne énergie. Ils peuvent abandonner ce qui les stresse au seuil de la maison et se sentir à leur place.

C'est quelque chose en lequel il faut que vous croyiez. Vous pouvez ressentir de la bonne ou de la mauvaise énergie. C'est un reste de notre cerveau reptilien. Nous savons quand il vient d'y avoir une dispute dans une pièce : l'air nous y semble chaud et tendu. Nous savons quand nous ne sommes pas en lieu sûr : notre corps tout entier se rebelle contre le fait de s'y trouver. Nous savons quand nous sommes en sécurité, car notre langue se décolle de notre palais et nous nous détendons totalement. Prêtez attention à votre corps ; il fait partie de votre magie.

Dans le magazine *Discover*, il y a un article super chouette au sujet des auras microbiennes qui vous entourent et qui vous suivent. Des familles ont prélevé des échantillons d'elles-mêmes pendant des semaines pour qu'ils soient étudiés par des scientifiques. Les chercheurs ont été capables d'identifier quelles personnes se trouvaient dans quelle maison à l'aide de leur « empreinte » microbienne. De plus, les microbes suivaient les gens dans leur nouveau logement, et on a également constaté qu'ils étaient semblables entre les personnes en contact physique important les unes avec les autres.[20]

Donc, les auras existent !

L'énergie du foyer se décompose en deux parties : premièrement, les seuils et frontières, et deuxièmement, l'énergie au sein du foyer. Les seuils sont les passerelles entre l'extérieur et votre foyer. Autrement dit, les portes, les fenêtres et le garage sont les seuils de votre maison. Ce sont des zones physiques d'entre-deux qui permettent aux personnes et à l'énergie de pénétrer dans votre maison et de la quitter. Ce n'est pas que les fantômes, esprits et compagnie soient à la recherche d'une fenêtre pour s'en aller, mais simplement que l'énergie a tendance à suivre le flux de l'utilisation. Le plus souvent, nous nous servons de la porte d'entrée, donc c'est par là que l'énergie entre et sort la plupart du temps.

Les frontières sont les lignes imaginaires ou concrètes qui entourent votre foyer – pas votre propriété, mais bien votre foyer. Disons que vous avez un hectare de terrain, mais que vous ne vous servez jamais de votre jardin et que vous allez rarement vers les côtés de la maison. Si vous dessiniez la frontière, vous pourriez tracer une ligne contournant de près la maison au niveau de la porte arrière et des côtés, mais incluant ensuite votre véranda ainsi que l'allée où est installé le panier de basket avec lequel vous vous amusez tout le temps.

20 Hubbard (Bethany), « Your Bacterial 'Aura' Follows You from Place to Place », in *Discover*, 28 août 2014.

Ces frontières qui entourent votre maison donnent à l'énergie de la place pour jouer. Imaginez une bulle. Quand vous faites des bulles, le savon crée une sphère protectrice autour de votre souffle. Les frontières de la bulle sont la sphère de savon elle-même, et l'énergie de la bulle est le souffle contenu à l'intérieur. Il n'y a pas de seuil parce que c'est une bulle, et que des seuils la feraient éclater.

Maintenant, imaginez une bulle autour de votre maison. C'est votre ligne de démarcation. Quel que soit l'endroit où vous vivez, c'est votre frontière. Là où vos chiens vont jouer, où vos pivoines sont plantées, où se trouve votre boîte à lettres : tous ces espaces sont inclus dedans. Le coin du jardin où vous n'allez que pour passer la tondeuse ? Lui, il n'est pas forcément inclus. Si vous vivez en appartement, vos frontières sont hyper simples : ce sont les murs, le plafond et le sol de votre foyer.

Les seuils sont tous les endroits par lesquels on peut entrer ou sortir de chez vous. Les portes, les fenêtres et (tout le monde l'oublie, celle-là) la porte du garage. L'entrée utilisée le plus fréquemment est le plus gros seuil de votre foyer et doit faire l'objet de la protection la plus importante.

Nos seuils sont des lieux de pouvoir, car ils font partie des endroits d'entre-deux. Ni ici ni là-bas. Ils tracent une ligne nette qui montre où commence votre foyer et où s'arrête le reste du monde. C'est une ligne de permissions. Seuls les méchants franchissent votre seuil avec autre chose que des bonnes intentions. Les gens viennent dans votre foyer pour profiter de votre compagnie, partager de la nourriture, vous serrer dans leurs bras, vous aimer et faire des câlins à vos chats. Les gens sont stoppés à votre seuil quand ils ne sont pas invités, bienvenus ou autorisés à entrer. C'est un espace spécifique qui affecte l'énergie de l'intérieur de votre foyer.

L'énergie au sein de votre foyer (le souffle à l'intérieur de la bulle) est affectée par les humeurs et énergies des personnes, animaux et esprits qui y habitent. Quasiment tout ce qui a lieu dans cet espace a un effet sur l'énergie, mais nous allons nous concentrer sur la propreté, le désordre, les odeurs et les lumières.

Quand vous pénétrez dans une pièce après que des personnes s'y sont disputées, vous sentez l'énergie que la colère et les mots ont créée. C'est un bon exemple de l'énergie qui existe dans un foyer. Si les membres de la famille qui occupe la maison vivent chacun dans leur coin (la mère et le père sur leur ordinateur, les enfants dans leur chambre, sur leur téléphone), des poches d'énergie aussi individuelles que les personnes qui y vivent se créent. Si la famille est soudée (repas en commun, espaces partagés en permanence), l'atmosphère de la maison est un mélange des énergies de chacun et elle est bien plus puissante.

Quand un ami déménage, recommandez-lui de ne pas emporter son vieux balai dans sa nouvelle maison. Cela rapporterait toutes les « saletés » de son ancienne habitation dans la nouvelle. Ensuite, apportez du sel à votre ami, afin que sa vie soit toujours savoureuse, du pain, pour qu'il n'ait jamais faim, et de l'eau ou du vin, de manière à ce qu'il ne souffre jamais de la soif. Vous pouvez aussi lui offrir une bougie pour la salle de bains parce que… vous savez. (Merci, Phœbe de *Friends*.)

Une vieille tradition relative aux seuils veut qu'on ne puisse rien accepter par-dessus celui-ci. Quand votre livreur vous apporte votre pizza, vous devez la récupérer d'un côté ou de l'autre. Selon une autre tradition, il ne faut pas franchir un seuil pied gauche en avant, parce qu'on pourrait ainsi passer dans l'autre monde. C'est une tradition polonaise, et le folklore polonais est terrifiant, alors ne prenez pas forcément cette recommandation au pied de la lettre.

Garder son seuil

Devant ma porte d'entrée se trouve un petit renard. Cela fait environ seize ans qu'il est là, et à moins de le chercher, jamais vous ne le verriez. Il est dans mon jardin, tourné vers la porte. Son rôle est de monter la garde. Pour remercier la statue, je la nettoie deux fois par an et je fais en sorte qu'elle soit protégée des éléments.

Afin de garder votre maison, vous pouvez vous servir de n'importe quel animal pour lequel vous avez une affinité. Vous pouvez aussi tracer des sigils de protection sur la porte, peindre celle-ci ou utiliser des pots de fleurs dont les couleurs lui prêteront leur énergie. Essayez les tons suivants.

Rouge : joie et zèle

Orange : haute énergie et tendances artistiques

Jaune : soleil et bonheur

Vert : prospérité et santé

Bleu : guérison et calme

Violet : spiritualité

Blanc : clarté et commencements

Noir : absorption de la négativité et repousse des invités indésirables

Marron : ancrage

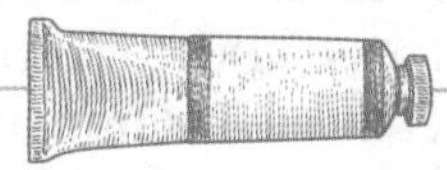

PLAFONDS DE VÉRANDA BLEU *HAINT*

Dans les traditions gullah et celles du sud des États-Unis, il y a des histoires appelées « *haint stories* ». Mi-fantôme mi-croquemitaine, un *haint* est n'importe quelle créature qui vous ficherait une sacrée frousse. Les *haints* sont présents dans toutes les histoires que pourrait vous raconter votre frère ou sœur aîné(e) et qui feraient que vous ne dormiriez jamais plus sur vos deux oreilles. Selon ces traditions, les *haints* n'aiment pas le bleu, en particulier les portes ou plafonds bleus. Cette couleur leur fait croire que le plafond ou la porte est de l'eau ou bien le ciel, et ils ne rentreront alors pas chez vous. Vous pouvez trouver de nombreuses nuances de bleu *haint*, mais si vous peignez de cette couleur le plafond de votre véranda ou votre porte d'entrée, cela fermera votre maison à toutes ces créatures.

Halte aux haints

Jenna Matlin est une sorcière lectrice de tarot du sud des États-Unis et l'autrice de *Have Tarot Will Travel: A Comprehensive Guide to Reading at Festivals as a Tarot Professional*. C'est aussi une bonne amie à moi et elle possède un sortilège fantastique pour éliminer les vibrations bizarres de chez soi. Ce sortilège est adapté à toutes sortes d'énergies étranges dans votre maison (énergie négative, chenapans astraux et tout ce qui vous file la chair de poule) et vise à les expulser.

Collectez plusieurs branches à l'extérieur de votre maison. Vous pouvez aussi les prendre ailleurs, dans un parc à proximité, par exemple. Ramassez-les par terre ; ne les arrachez pas à un arbre vivant.

Choisissez trois branches plus fines qu'un crayon. Une fois que vous les avez ramassées, emportez-les immédiatement chez vous et faites le tour des pièces de votre maison, surtout celles qui semblent particulièrement troublées. Tout en faisant cela, visualisez les branches en train d'aspirer la mauvaise énergie telle de l'eau.

Une fois que vous sentez que vous avez aspiré l'énergie ou la présence, rendez-vous immédiatement à la porte de derrière (ou à n'importe quelle autre porte, si vous n'avez pas de « porte de derrière » à proprement parler), ou bien à une fenêtre qui donne sur l'arrière de la maison si votre porte d'entrée est dans un couloir, et répétez trois fois les mots suivants tout en tenant votre petit fagot à deux mains :

Je brise ton lien,
Je brise ton sort,
Je brise ta force,
Bon à rien !

Brisez immédiatement les trois branches et jetez-les par votre porte de derrière ou votre fenêtre. Tout en lançant les branches cassées, visualisez les liens qui reliaient cette énergie ou présence à votre foyer en train de se rompre. Laissez les branches là où elles sont tombées ; ne les ramassez pas. La nature fera le reste.

Si une branche ne s'est pas cassée, vous aurez peut-être besoin de recommencer le processus.

SALEZ VOS SOUCIS

Le sel est si couramment utilisé en magie qu'il est à celle-ci ce que la mitochondrie est aux cellules. On s'en sert pour purifier et protéger dans bien des cultures différentes. En Europe, on repoussait jadis les sorcières avec du sel, ce qui rejoint la croyance des Ozarks selon laquelle celles-ci n'aiment pas ce qui est salé, et que l'on devrait se méfier de toute personne refusant de la nourriture. En Égypte, on brûlait du sel lors des voyages afin de se protéger des mauvais esprits. Mais surtout, ce condiment peut servir à dessiner une ligne de démarcation autour de votre foyer.

Vous pouvez avoir recours au sel pour créer une bouteille de sorcière ou purifier l'énergie d'une maison. Sur un autel, il peut représenter l'élément Terre et il absorbe ou transporte l'énergie. C'est là ma façon préférée de l'utiliser. Enfin, ça, et puis le lancer par la fenêtre aux monstres. La tradition hoodoo qui suit et que j'ai apprise d'un ami italien est un exemple des recoupements qu'effectue la magie dans nos cultures.

Si votre maison vous procure une sensation bizarre (par exemple, car vous avez eu un visiteur grincheux ou car vous vous êtes beaucoup disputé avec d'autres personnes récemment), vous pouvez réinitialiser son énergie en balayant du sel sur le sol. Moi, j'utilise uniquement du sel, mais vous pouvez ajouter des herbes ou des plantes telles que de la lavande ou du romarin pour donner une dimension supplémentaire à votre magie, si vous ne voulez pas vous cantonner à la protection.

Je vous recommande d'employer un bon balai, c'est-à-dire un que vous aimez tenir entre vos mains. Il doit bien faire son travail, évidemment, et aussi vous donner une sensation d'appartenance.

FOURNITURES

Sel de la sorte que vous préférez

Herbe supplémentaire (facultatif)

Un bon balai ou aspirateur

Il existe plusieurs manières d'accomplir cette tâche, mais je préfère la plus directe. Nettoyez votre maison aussi minutieusement que possible. L'idéal est d'effectuer la purification magique après un grand nettoyage, mais votre ménage rapide et mensuel convient aussi.

Versez le sel sur le sol, qu'il s'agisse de moquette, de parquet, de carrelage ou de linoléum. Si ce processus est pour vous une activité hebdomadaire ou mensuelle, saupoudrez légèrement. Si votre tante vient de passer en débitant tous ses commérages habituels, ayez la main plus lourde.

Quand vous balayez, vous pouvez choisir d'envoyer le sel dehors par la porte ou de le rassembler en tas au milieu de la pièce. Je préfère cette seconde option. Je le récupère avec ma pelle et ma balayette et je le jette immédiatement dans la poubelle, que je change et mets aussitôt dehors. Si vous avez de la moquette, aspirez le sel et jetez-le dehors.

J'aime toujours brûler de l'encens ou allumer une bougie après avoir balayé le sol. Vous pouvez aussi mettre des tranches de citron dans de l'eau et la laisser frémir sur le feu. Cela crée une atmosphère saine pour remplacer celle toute sale qui traînait dans votre foyer.

DÉMÉNAGEMENT

Quand vous déménagez, vous avez une excellente opportunité de repartir du bon pied dans votre nouveau logement. Si possible, essayez de nettoyer et de repeindre les lieux avant d'y apporter quoi que ce soit. Suivez les étapes de la bénédiction des frontières du foyer (page 197) pour bénir la maison.

Après cette bénédiction, apportez toutes vos affaires dans la maison et disposez-les comme vous voulez. Emportez tout, sauf votre balai : c'est un objet de malheur qu'il faut jeter avant d'emménager dans un nouveau logement. Une fois que tout est à sa place, vous pouvez installer votre grille de sélénite et accomplir votre travail de protection d'extérieur et d'intérieur.

Vous pouvez abandonner la plupart des objets dont vous vous êtes servi dans votre travail de protection de foyer, mais je vous recommande de ne pas vous séparer de votre sentinelle (la statue d'animal), votre sélénite et tourmaline, ainsi que d'autres objets tels que des cloches, des herbes, etc. Si vous aviez planté des plantes protectrices en extérieur, vous pouvez prendre des boutures de celles-ci dans votre nouvelle maison.

Si vous aviez enseveli certaines choses, laissez-les où elles se trouvent. L'exhumation de vieille magie est un procédé hasardeux qui peut faire revenir de vieilles affaires dans votre vie. Mieux vaut ne pas y toucher.

n°10

Bénédictions PERSONNELLES ET PROTECTION

Les bénédictions personnelles et la protection ont le même objectif. Leur mission est de vous envelopper d'une énergie chaude et forte afin que vous puissiez aller de l'avant avec assurance.

MAGIE DE CORDELETTE POUR LA PROTECTION

Vous vous souvenez de quand vous avez travaillé avec ce type qui vous donnait l'impression d'être tout petit ou qui vous parlait en vous toisant, et à présent, à chaque fois que vous faites une bêtise dans votre nouvel emploi, sa tête stupide fait irruption dans votre esprit ? Ouais, vous voyez de qui je parle. Ce mec, je le déteste. Ou la personne avec qui vous avez rompu qui apparaît inexplicablement dans vos rêves encore maintenant, sept ans après que vous l'avez larguée ? Ces gens sont toujours reliés à vous, mais il est possible de briser ces liens.

L'amour et la haine sont des émotions très fortes, et ils laissent derrière eux des cordelettes d'énergie. Cela ne signifie pas nécessairement que vous détestez les personnes ci-dessus ou leur gardez rancune, mais plutôt que quand vous ressentez la même chose qu'au moment où elles vous affectaient, elles foncent droit sur votre tête tels des Détraqueurs. On peut facilement se sentir impuissant quand on atteint ce niveau de honte, de reproche, de culpabilité ; de tout sentiment qui vous relie à cette personne ainsi qu'à la période et l'endroit qu'elle représente. Par conséquent, nous allons prendre nos distances vis-à-vis de cette personne, de cette période et de cet endroit (dans l'exemple, je parlerai de « personne ») et les mettre hors de notre vue.

Dans la majorité des religions, il y a une sorte de théorie du « c'est celui qui le dit qui l'est ». En Wicca, on part du principe que ce que vous envoyez dans l'univers vous reviendra trois fois. Dans certaines religions orientales, cela s'appelle le « karma », et l'idée est que les actions accomplies dans vos vies antérieures ainsi que votre vie actuelle vont avoir un impact sur vos vies futures. N'oubliez pas que votre éthique magique va devenir la base de votre pratique magique, et réfléchissez aux sorts avant de les effectuer. Ce sortilège est-il adéquat ? Juste ? Nécessaire ? Si c'est le cas, lancez-vous.

Allez dans votre espace calme. Allumez une bougie et brûlez de l'encens qui vous détend. Inspirez puis expirez.

Trouvez une mèche de vos cheveux (uniquement les vôtres) ainsi qu'un morceau de fil ou de ficelle suffisamment long pour être noué sept fois.

Pour le premier nœud, visualisez la personne qui vous menace. Imaginez que son énergie n'est plus capable d'affecter la vôtre. Serrez bien le nœud.

Pour le deuxième nœud, figurez-vous la personne qui vous menace et imaginez-la en train de se détourner physiquement de vous. Serrez bien le nœud.

Pour le troisième nœud, voyez tout cordon ou ligne vous reliant se rompre et retourner à l'intérieur de la personne de laquelle il provenait. Accomplissez cet acte lentement et délibérément. Est-ce que vous l'aimiez ? Reprenez cet amour en vous. Est-ce qu'elle exerçait un contrôle sur vous ? Renvoyez-lui ce contrôle. Est-ce que vous la craigniez ? Récupérez cette crainte et ancrez-la. Imaginez-la en train de pénétrer dans le sol, à vos pieds. Retenez vos énergies positives et relâchez les négatives. Serrez le nœud bien fort.

Pour le quatrième nœud, imaginez que votre énergie ou aura s'épaissit entre vous deux. Visualisez la personne debout devant vous, à moins d'un demi-mètre, et épaississez votre énergie jusqu'à ce que vous ne puissiez plus la voir. Répétez-vous : « Tu n'as aucun pouvoir ici. Va-t'en. Tu n'existes pas à mes yeux. Tu n'as pas d'importance pour moi. Tu ne peux pas me blesser. » Serrez le nœud très fort.

Pour le cinquième nœud, servez-vous de ce mur d'énergie opaque et épaisse pour repousser la personne. Imaginez-la s'éloigner de vous de plus en plus. Le but n'est pas de blesser, seulement de mettre de la distance entre vous. Toutes les cordelettes énergétiques qui vous relient vont se rompre. Poussez la personne jusqu'à ce qu'elle soit hors de votre champ visuel. Serrez bien le nœud.

Pour le sixième nœud, ramenez votre énergie à vous et enveloppez-vous d'elle. Entourez-vous de sa chaleur et changez-la en espace clair et coloré plutôt qu'opaque et trouble. Assurez-vous qu'elle vous couvre de la tête aux pieds. Serrez bien le nœud.

Pour le septième nœud, ne serrez pas trop. Imaginez votre énergie s'enfoncer dans le sol et se dissiper dans les airs. Relâchez toute la colère et la frustration que vous avez rassemblées pour ce sortilège. Dites : « Relâche. Relâche. Relâche. » Posez la cordelette sur votre autel, et quand vous avez l'impression que vous pouvez lâcher prise sur celle-ci (et sur la personne) sans malveillance ni colère, ensevelissez-la dans la terre.

Relâchez, relâchez.

Vous devrez peut-être effectuer ce sortilège deux ou trois fois. Certaines personnes s'immiscent au plus profond de nous et il est difficile de s'en séparer sans nous déchirer un peu nous-mêmes. Et si votre nœud se défait ? Faites-en un autre. Et si votre ficelle est trop courte ? Rajoutez-en une. Ça ne sera pas toujours parfait, mais ce qui compte le plus, c'est l'intention.

LES FOURBIS ET L'ÉCHELLE DE SORCIÈRE

Le monde est rempli de faiseurs et de défaiseurs. On reconnaît les défaiseurs quand ils se trouvent à proximité. Ils nous donnent mal à l'estomac. Ils blessent les gens pour s'amuser. Ils existent dans nos communautés et dans nos gouvernements. Pour chaque petit morceau d'obscurité créé par un défaiseur, on peut trouver un équilibre grâce à un peu de lumière venant d'un faiseur. Plus concrètement, si vous passez une mauvaise journée, vous pouvez faire quelque chose (même d'insignifiant) pour combattre cette obscurité.

Sir Terry Pratchett (qu'il repose dans un délicieux enchantement) était mon auteur préféré. Dans sa saga Tiphaine Patraque, il décrit une création appelée « fourbi ». C'est un morceau de magie que l'on peut créer à partir d'objets qu'on a dans son sac à main, dans sa poche ou qui traînent dans sa maison. La création de quelque chose, même une sorte d'attrape-rêves ponctuel, est un acte de magie en soi.

Un fourbi pourrait être une toile formée d'un bâton, d'une ficelle ou mèche de cheveux et d'une bague tous attachés. J'ai réalisé un fourbi à partir d'un emballage de chewing-gum et d'un porte-clés. C'est une sorte de berceau du chat constitué d'objets que l'on crée pour fabriquer quelque chose, pour se protéger soi-même ou sa maison, ou pour faire de la divination. C'est très similaire à une vieille magie appelée « échelle de sorcière ».

Les échelles de sorcière peuvent être des malédictions, mais aussi des séries de sortilèges condensés pour vos besoins spécifiques. Le but est de tisser votre intention dans la fabrication, afin que l'échelle retienne votre magie pour vous.

Protection du foyer : À travers votre maison, collectez des feuilles, des bâtons, des coquilles d'escargot, etc. et attachez-les avec une cordelette en fibres naturelles. Vous pouvez suspendre cette création à un arbre de chez vous pour qu'elle attrape la mauvaise énergie se dirigeant vers votre maison. Faites en sorte d'utiliser des composants naturels, parce que l'ensemble finira par se désagréger, et on ne voudrait pas polluer.

Calme instantané : Si vous êtes submergé par les émotions alors que vous êtes en public, vous pouvez glisser la main dans votre sac et créer un fourbi rapide. Utilisez ce que vous avez sur vous. On peut passer des porte-clés au travers de serviettes en papier, par exemple. Attacher deux choses peut aider à ranimer l'énergie qui vous entoure et à vous réinitialiser.

Divination : Si vous vous retrouvez sans pendule, vous pouvez en créer un. Tout ce qui peut se balancer depuis votre main peut être utilisé. Vous pouvez aussi faire de votre sac à main ou de votre poche un sac à amulettes. Déterminez le sens de chaque accessoire, puis plongez votre main dans le sac et saisissez le premier objet que vous touchez : le portefeuille signifie « oui », et le baume à lèvres « non ». C'est l'accessoire que vous attrapez qui vous fournit la réponse.

Sortilège de nœud : Vous pouvez aussi mettre des plumes ou des perles dans votre échelle de sorcière. Cela ressemble à un sortilège de nœud. À chaque accessoire ajouté, augmentez votre intention et clarifiez votre objectif. Dans ce genre d'activité, cela aide de se fixer des dates. Pour le premier nœud, visualisez à quoi ressemblera votre vie dans trois mois ; pour le deuxième, dans six mois. Créez l'échelle jusqu'à ce que vous sentiez qu'elle est achevée, en utilisant des objets dotés de sens pour vous. Je range généralement mes échelles de sorcière sous mon lit ou sur mon autel.

— SYMBOLES PROTECTEURS —

La première fois que j'ai entendu parler de « symboles de maléfice », c'était dans le livre *Le Septième Fils* d'Orson Scott Card, homophobe réputé, mais excellent auteur (pour contourner ce dilemme, achetez ses livres d'occasion !). Dans la tradition des *Pennsylvania Dutch*[21], les signes de maléfice sont souvent des étoiles à six branches qui représentent le Divin dans la nature. En plus d'être joli, c'est une protection pour le foyer. Dans le roman de Card, une femme épouse un type hyper religieux qui ne veut pas qu'elle emploie des maléfices, alors elle les tisse dans des paniers, plante des fleurs de manière à réaliser des formes et emploie d'autres ruses pour les intégrer discrètement à son foyer.

J'ai une amie qui fait cela avec ses propres symboles. Elle dessine des étoiles, des cercles et des lignes jusqu'au déclic. Elle arrête de dessiner quand ça lui paraît être le bon moment.

Vous pouvez aussi avoir recours à des symboles païens de protection un peu partout chez vous. Si vous devez les cacher, soyez créatif. Vous pouvez les tisser ou les coudre sur des objets aux quatre coins de la maison. Vous pouvez les dessiner à l'arrière de tableaux, les tracer avec de l'eau sur vos murs et au-dessus de vos portes. Vous pouvez dessiner les formes dans l'air avec un bâton d'encens. Il y a

21 Groupe ethnique constitué des descendants d'immigrés allemands et suisses qui s'étaient installés en Pennsylvanie aux XVIIIe et XIXe siècles.

de nombreuses manières d'intégrer ces symboles à votre vie quotidienne sans faire de vous une cible.

Vous pouvez utiliser ces symboles sur des cahiers, dans des tatouages ou sur le dessous de vos chaussures. Je pense que le fait de dessiner et d'employer ces symboles peut vous aider à élever votre énergie et vos vibrations ainsi que celles de votre environnement. Quand j'étais au lycée, je dessinais ce simple sigil de protection sur toutes mes affaires pour m'aider à éviter les harceleurs scolaires. Ça marchait.

Sigil de protection triquetra

À chaque fois que je le dessinais, j'y déversais tous mes sentiments. Toute la peur et l'anxiété que m'inspirait le lycée. Toute ma douleur et ma colère. Je le traçais dans mes chaussures, sur ma peau, sur mes jeans et dans mon journal intime. Il s'accompagnait d'une simple prière : « Je vous en prie. » ; « Faites qu'ils m'ignorent, je vous en prie. Faites que je sois invisible, je vous en prie. Donnez-moi une voix si j'en ai besoin, je vous en prie. » Parfois, on a simplement besoin de pouvoir se cacher, et c'est ce que ce sigil m'a aidée à faire.

Ces instructions concernent les signes et symboles visibles de maléfice, mais adaptez-les à vos besoins.

FOURNITURES

Liste de symboles qui vous parlent

Moyen pour dessiner : peintures, huiles, eau, stylos ou crayons

Élaborez un projet. Quel genre d'énergie désirez -vous chez vous, sur vous-même ?

Entraînez-vous à dessiner les formes. La précision n'est pas indispensable, mais elle aide.

Utilisez des couleurs qui renforceront votre intention. Pour mémoire, voici les associations de couleurs de bougies :

Rouge : n'importe quelle émotion forte, telle que la rage, l'amour ou l'envie de protection

Orange : créativité, aventure

Jaune : guérison, clarté intellectuelle

Vert : croissance, guérison, prospérité

Bleu : santé, calme, santé mentale, communication

Violet : sagesse grandissante, influence croissante

Noir : suppression des énergies négatives, fin des mauvaises habitudes, coupage de cordons

Blanc : guérison, n'importe quelle autre intention

Commencez à créer. N'oubliez pas, ces symboles peuvent être aussi simples ou compliqués que vous le souhaitez. Voici quelques exemples de symboles bien connus et leurs significations :

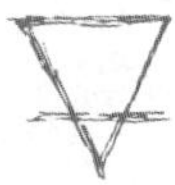

Terre

Air

Feu

Eau

Pentacle

Triquetra

CONSTRUCTION DE SIGILS

Vous pouvez créer votre propre sigil en écrivant les lettres de votre intention et en les combinant pour former le sigil.

Intention : « Je veux parvenir à la tranquillité de l'esprit. »

En moins de mots : « Tranquillité de l'esprit. »

Encore moins : TRANQUILLITÉ

En supprimant les lettres présentes plusieurs fois : TRANQUILÉ

Sigil :

Vous pouvez appliquer ce sigil en le gravant dans des bougies, en l'écrivant sur des sortilèges ou en le dessinant sur votre corps. Quand j'ai besoin, j'écris à l'encre des sigils d'attraction d'argent sur ma main droite. Vous pouvez concentrer votre magie sur ce sigil puis vous en éloigner, en sachant qu'il fonctionnera toujours pour vous. Vous pouvez recharger le sigil simplement en le réécrivant.

Aidan Wachter, auteur de *Six Ways*, nous suggère de voir le sigil comme une graine[22]. Vous plantez votre intention dans le monde. Faites très attention en créant un sigil, car il ne peut pas être défait. Utilisez des encres et du papier qui vous parlent et vont rendre ce sigil spécial. C'est votre création. Soyez prudent avec elle et utilisez-la intelligemment.

---

22 Wachter (Aidan), *Six Ways: approaches & entries for practical magic*, Red Temple Press, Nouveau-Mexique, 2018, 167 p.

PÉTITIONS

Les pétitions sont des sortilèges écrits dont on peut se servir pour n'importe quel but. On les appelle ainsi, car, par leur biais, vous demandez à vos guides, votre dieu ou à l'univers d'intervenir pour un de vos besoins particuliers. Les pétitions peuvent être aussi fleuries ou aussi simples que vous le souhaitez. C'est une conversation entre vous et quelqu'un ou quelque chose qui vous aime. Choisissez vos mots avec confiance. Vous pouvez utiliser les pétitions en parallèle de la magie de bougie ou des bouteilles de sorcières. Je trouve que les Post-its© fonctionnent parfaitement à ces fins. Les indications de réalisation de pétitions les plus claires que j'aie pu voir se trouvent dans le livre de Wachter. Je les ai résumées et personnalisées ci-dessous.

FOURNITURES

Post-its© d'une couleur correspondant à votre intention

Stylo

Espace secret pour cacher les Post-its©

Ruban ou ficelle pour fixer l'intention

Écrivez votre pétition sur le Post-it© de manière à occuper tout l'espace. Ensuite, tournez le Post-it© d'un quart de tour et réécrivez votre pétition. Tournez-le à nouveau d'un quart de tour et continuez à écrire. Rédigez la pétition une quatrième fois après avoir encore tourné le Post-it©, puis ajoutez votre nom plusieurs fois sur ce que vous avez déjà écrit.

Image de pétition

Enroulez le Post-it© vers vous pour faire venir quelque chose dans votre vie, et dans l'autre sens si le but est de vous débarrasser de quelque chose. Vous pouvez fixer l'intention avec le ruban et laisser l'objet dans une boîte sur votre autel ou le dissimuler quelque part[23].

— BOUTEILLE DE SORCIÈRE —

Les bouteilles de sorcière sont de la très vieille magie servant à protéger votre foyer ou ceux qui y résident. La tradition la plus récurrente dans mes lectures trouve sa source en Angleterre, mais la bouteille de sorcière est une sorte de talisman courant dans presque toutes les traditions magiques. Vous créez une effigie de vous-même et lui confiez une mission.

Ma famille et moi créons de nouvelles bouteilles de sorcière à chaque Halloween, et nous brûlons alors les vieilles. J'en ai une que mon amie Karin m'a faite quand j'ai acheté ma maison, et depuis, elle est

23 *Ibid.*, p. 228

sur le rebord de la fenêtre. C'est comme ça que j'ai su que nous serions amies pour toujours.

Elle m'avait dit :

« Dis, tu peux me donner une mèche de tes cheveux ?

— Bien sûr », lui avais-je répondu, sans même lui demander pourquoi.

J'ai aussi quelques bocaux enterrés dans le jardin. Toutes mes excuses aux futurs propriétaires de ma maison.

La bouteille de sorcière attire l'énergie négative vers elle plutôt que vers vous. Voyez-la comme un aimant à mauvaises vibrations. Vous mettez dans la bouteille quelque chose provenant de votre propre corps, ainsi que des épingles, des clous tordus ou du verre cassé. J'imagine toujours la malchance foncer vers moi, être détournée par la bouteille et finir découpée en morceaux par les éléments tranchants.

Traditionnellement, on remplit la bouteille de son urine, ce qui n'est pas top niveau hygiène. On peut la remplacer par du vinaigre. Vous pouvez aussi y substituer des rognures d'ongles, des cheveux ou du sang pour relier la bouteille à votre personne.

Si vous utilisez du sang, soyez prudent. Ne vous coupez pas la main théâtralement comme dans les films. Ayez recours à une lancette pour diabétiques ou à une aiguille stérilisée pour récupérer une goutte de sang. Vérifiez que le matériel est stérile et, une fois que vous avez terminé, appliquez de la crème antibactérienne au niveau de la ponction et collez un pansement. Jetez la lancette à un endroit adapté, ne consommez pas le sang et n'en faites pas couler sur autrui. Soyez adulte et responsable.

Assurez-vous que tous vos matériaux puissent bien passer par le goulot de la bouteille. Faites aussi attention à ne pas vous couper (même si ça ferait d'une pierre deux coups, puisque comme ça, votre sang serait déjà dans la bouteille !).

FOURNITURES

Encens ou bougies qui favorisent les pensées claires ou la protection

Bouteille en verre avec un bouchon en liège ou autre système de fermeture

Vos rognures d'ongles, vos cheveux ou votre sang

N'importe quelle association d'épingles tordues, de morceaux de verre cassé, de clous et d'aiguilles ou épingles à nourrice tordues

Vinaigre (ou urine, si vous êtes motivé)

Cire (facultatif)

Ficelle rouge

J'aime préparer les bouteilles de sorcière à la nouvelle lune si je repousse quelque chose, et à la pleine lune si j'accueille quelque chose. Dans cet exemple, ma bouteille invite la protection, alors je la commence à la pleine lune. Vous pouvez aussi recourir à l'astrologie ou à votre calendrier religieux. En tant que sorcière, je fabrique mes bouteilles à Halloween, mais encore une fois, c'est votre calendrier qui compte, pas le mien.

La bouteille peut être aussi sophistiquée ou aussi simple que vous le souhaitez. Je préfère le verre transparent, mais le verre coloré fonctionne aussi. Le bouchon (en liège ou autre) est très important. Je n'ai pas besoin de vous faire un dessin d'une bouteille de sorcière qui se casserait au bout d'un an. Quels que soient les composants que vous avez choisis pour la remplir, on veut que tout reste bien à l'intérieur de la bouteille. J'en ai vu une se casser au cours de l'année où elle était en service. J'ai eu la nette impression que notre famille avait pris un sacré coup énergétique. Par chance, la bouteille se trouvait dans une boîte, donc nous n'avons pas eu besoin de jeter le tapis sur lequel elle était posée.

Rendez-vous dans votre espace calme et allumez votre encens ou vos bougies. Vérifiez que tous vos ingrédients sont devant vous. Il vaut mieux accomplir cet acte d'une seule traite.

Quand vous glissez les morceaux de vous-même dans la bouteille, voyez-les comme étant vous. Visualisez-les en train de recevoir les mauvaises énergies à votre place. Remerciez-les, puis ajoutez les épingles et les aiguilles.

Achevez de remplir la bouteille avec du vinaigre. Enfoncez le bouchon de liège, et si vous le souhaitez, faites couler de la cire fondue pour sceller le bouchon de la bouteille.

Enroulez la ficelle rouge autour du goulot de la bouteille et nouez-la trois fois.

Prenez la bouteille et ensevelissez-la à l'extérieur de chez vous ou bien déposez-la dans un recoin sombre de votre maison, tel que sous le lit ou dans la cave. Assurez-vous qu'elle soit dans un endroit où personne ne peut la trouver ou trébucher dessus.

Vous pouvez alors garder la bouteille pour toujours (l'idéal pour les bouteilles ensevelies) ou la jeter au bout d'un an et en créer une autre. Je me suis aperçue que la meilleure façon de s'en débarrasser était de la recycler dans une poubelle ou de la jeter dans un feu de camp. Nous avons dans notre jardin un brasero dont le fond est parsemé de petits éclats de verre. Faites attention.

Évitez de réutiliser les bouteilles, sauf si elles ont une valeur sentimentale pour vous. Si c'est le cas, nettoyez-les bien et passez-les au lave-vaisselle pour les stériliser.

Si vous décidez d'y mettre des fluides corporels, n'oubliez pas de nettoyer scrupuleusement l'extérieur de la bouteille ainsi que vos mains. Ce serait dommage d'attraper une hépatite A à cause d'un sortilège de protection. Ironie, quand tu nous tiens...

PROTECTION PERSONNELLE

Quand vous étiez bébé, l'un de vos parents a certainement gardé la première dent que vous avez perdue et la première mèche de cheveux qu'on vous a coupée. Il les a sans doute toujours. Si vos parents sont des sorciers comme moi, ils ont probablement même conservé le bout de cordon ombilical qui était rattaché à votre nombril. Avez-vous déjà réfléchi à cette tradition ? Vous êtes-vous déjà posé des questions sur le fait de conserver les cheveux et les dents des enfants ? À quoi ça sert, d'abord ? N'est-ce pas un peu étrange ?

C'est pour votre protection. Les cheveux et les dents deviennent un talisman. Non seulement la mèche de cheveux et la première dent perdues sont des porte-bonheur pour les parents, mais elles peuvent aussi être utilisées dans des sortilèges de pistage et pour la protection personnelle. Il y a tant de superstitions et de sorts liés à la protection que ce chapitre sera assurément le plus long de ce livre, et non sans raison. De nos jours, nous avons tendance à faire davantage confiance aux formes extérieures de protection qu'à notre propre intuition et à nos capacités. Et si l'on pouvait s'équiper avant de sortir de manière à ce que la malchance nous contourne et que le danger ne nous voie pas ? Ces sortilèges vous permettront de marcher et de vous tenir de telle manière que même si vous rencontrez des problèmes, votre assurance agira comme un bouclier face aux collègues les plus énervants ou aux mauvaises vibrations que certains endroits peuvent vous envoyer.

La plupart des gens intéressés par la magie, le tarot et autres sorcelleries pourraient facilement se considérer empathiques. Un empathe est une personne qui peut détecter l'énergie de ceux qui l'entourent. Si cette personne se sent vulnérable, elle peut parfois penser qu'il s'agit de son énergie, ou son humeur peut baisser jusqu'à atteindre le niveau de l'humeur d'une personne à proximité.

L'édification de cette protection psychique et énergétique peut vous aider dans votre travail magique tout comme dans votre vie quotidienne. Vous commencerez à être capable d'examiner les pensées et les sentiments qui vous traversent pour voir s'ils sont réellement les vôtres et s'ils suffisent à changer ou à affecter votre humeur.

Vous pouvez vous protéger de différentes façons, y compris physiquement, émotionnellement et spirituellement. Vous pouvez aussi renforcer votre protection lors de vos lectures pour autrui.

Protection physique

Après une très longue période passée à essayer de gérer mon hypersensibilité vis-à-vis des gens qui m'entourent, j'ai trouvé quelques astuces afin de dissocier mon énergie de celle des autres, de façon à empêcher l'énergie d'autrui de me couper le souffle et aussi pour empêcher les autres de me « dévorer » énergétiquement parlant.

La première chose, c'est la santé de base. Si vous êtes fort, vous avez de meilleures limites et vous êtes plus ancré. Bon, moi, avec cette saleté d'asthme et mes problèmes de dos, je suis plus ou moins résistante, mais je me suis rendu compte que quand je mangeais de la bonne nourriture et que j'allais à la salle de sport, j'avais moins de risques de laisser les histoires des autres m'affecter. Par exemple, je ne fais pas de lectures de tarot quand je suis malade, parce qu'elles s'éparpillent dans tous les sens.

La deuxième chose, c'est la géomancie. Mettez quelques cailloux dans vos poches pour garder les pieds sur terre. J'aime bien la labradorite et le jais quand je me sens molle. Nous avons aussi chez nous une grille de sélénite et de tourmaline noire qui effectue une partie du travail à notre place.

Je trouve aussi que bien se laver les mains après avoir rencontré des gens aide énormément. L'eau courante est fantastique pour faire partir l'énergie non désirée. Vous pouvez aussi faire en sorte que personne ne vous touche au niveau de vos jointures. Coudes, genoux, creux de votre cou, poignets : ce sont les endroits favoris des vampires d'énergie pour vous grignoter. Une fois que je me suis aperçue de ça, j'ai commencé à prendre mes distances vis-à-vis des gens avec lesquels je m'entretenais. Il y avait un type, surtout, qui me touchait sans cesse le creux des reins et le coude en me parlant, et je me sentais toujours mal après avoir discuté avec lui. Sitôt que j'ai arrêté de le laisser s'approcher de moi, cette sensation désagréable a disparu. En plus, personne ne devrait jamais vous toucher sans votre permission.

Protection émotionnelle

Il y a quelques mois, j'ai entendu quelque chose que je n'arrive pas à me sortir de la tête depuis. C'était quelqu'un qui disait : « Vous n'êtes pas obligé de croire chaque pensée idiote qui vous traverse l'esprit. » Cette phrase m'a frappée ; j'y ai réfléchi pendant un moment. Dans ma tête, j'ai aussi entendu : « Vous n'êtes pas obligé de ressentir chaque émotion idiote qui vous traverse le cœur. »

Attendez… Quoi ?

Je ne suis pas obligée d'intérioriser une émotion simplement parce qu'elle me rentre dedans ? Je vous demande pardon ? Vous voulez dire que je sors constamment de mes gonds sans raison aucune ?

Si un événement frustrant a lieu le matin, est-ce qu'il mérite de rendre nulle votre journée tout entière ? Est-ce que c'est vraiment un tel drame ? Bien entendu, nous ne parlons pas ici de quelque chose de grave, mais comment peut-on différencier une vague émotionnelle d'un problème sérieux ?

J'ai quatre questions qui m'aident à déterminer si je dois ou non réagir à une émotion éphémère :

1. Est-ce la vôtre ? Est-ce que cette émotion vous appartient ? Peut-être avez-vous été à proximité d'une personne qui a vécu un traumatisme émotionnel, et que c'est là ce que vous avez perçu ? Étiez-vous à un endroit qui vous a fait ressentir une énergie très basse et dont vous n'êtes pas encore revenu ?
2. Cette situation est-elle suffisamment importante pour y réagir immédiatement ? N'oubliez pas que vous n'êtes pas obligé de ressentier chaque émotion qui vous tra-

verse le corps. Devez-vous répondre à celle-là ? Si votre enfant fait preuve d'insolence, pouvez-vous le reprendre sans devenir furieux ?

3. Quels sont les effets à long terme de votre réaction ? Si votre partenaire conduit d'une façon qui vous contrarie, vaut-il mieux poser votre main sur son bras et demander s'il pourrait ralentir, ou suivre votre impulsion et lui crier « Mais c'est quoi, ton problème ? Tu veux me tuer ?! » Cela peut sembler exagéré, mais parfois, les empathes oublient que les personnes qui les entourent ont elles aussi des émotions et que les leurs ne sont pas le centre de l'univers. Je sais, c'est dingue.
4. Pendant combien de temps devriez-vous traîner ça ? Si c'est l'émotion de quelqu'un d'autre, laissez tomber tout ce bazar. Si ce n'est pas si important que ça, gérez le problème rationnellement, puis laissez-le derrière vous. Si, après avoir passé tous ces points en revue, vous êtes toujours contrarié, triste, irrité ou furieux, alors honorez cette émotion et cherchez à la résoudre.

L'avantage d'être un empathe, c'est qu'on est très sensible. L'inconvénient d'être un empathe, c'est qu'on est très sensible ! C'est important d'apprendre à faire le point avec soi-même pour s'assurer qu'on ne se laisse pas emporter par la vague du traumatisme de quelqu'un d'autre.

Protection spirituelle

Percevoir les traumatismes d'autrui peut s'avérer très lourd. Je les vois comme des sacs à dos. Quand je fais une lecture pour quelqu'un, je dois faire très attention à laisser cette lecture sur la table. Si je ne le fais pas, j'ai maintenant deux sacs sur le dos. Si mon conjoint est stressé, je glisse un bras dans la bretelle de son sac à dos. Désormais, j'ai deux sacs à dos et demi. Tout ça s'accumule, et puisque votre sac à dos se retrouve toujours tout en bas, écrasé par les autres, vous n'avez jamais le temps de vous plonger dans vos propres problèmes spirituels.

Bon, soit c'était une analogie fabuleuse, soit ça n'avait aucun sens.

Quoi qu'il en soit, le fait de porter tout ce poids peut être spirituellement déprimant. Se sentir responsable du bonheur d'autrui peut devenir source de culpabilité et nous faire croire que l'on n'est pas assez bien pour rendre service. Par un effet boule de neige, cela se transforme souvent en sentiment d'être un raté, parce qu'on ne parvient pas à résoudre tous les problèmes du monde. Tout ce qui vous fait rentrer la tête dans les épaules doit être corrigé. Ce n'est pas que vous ne devez pas aider les autres, mais il ne faut pas faire que ça. L'essence même de la spiritualité est l'interconnectivité, mais que se passe-t-il quand on a l'impression de ne plus pouvoir se connecter aux autres de manière significative ?

Oui, le monde est dur. Ces derniers temps, il a été brutal envers les personnes déjà vulnérables, et cela nous brise le cœur. Même si nous pouvons devenir des misanthropes et nous refermer sur nous-mêmes, il existe d'autres options qui ne nous laisseront pas spirituellement vidés :

- Lâchez votre téléphone. Sérieusement… À moins de pouvoir avoir un effet sur le traumatisme du jour, quel qu'il soit, s'y plonger quotidiennement est douloureux et inutile. Si vous voulez aider les migrants, par exemple, trouvez une association qui s'en occupera directement et faites ce que vous pouvez auprès d'elle. Et ensuite, lâchez votre téléphone portable.
- Cherchez des éléments positifs autour de vous. Dans votre foyer, dans votre communauté et dans le monde. Si vous vous entourez de négativité, vous aurez du mal à garder la tête hors de l'eau. Si vous recherchez activement la joie, elle vous aidera à vous blinder contre les hauts et les bas de l'univers.
- Trouvez une communauté spirituelle, qu'il s'agisse d'une mosquée, d'un temple, d'une église, d'un rassemblement d'Amis quakers ou d'une association rationaliste. Faites du bénévolat pour aider de jeunes *queers* ou un refuge animalier. Trouvez quelque chose qui ne tourne pas autour de vous. Passez une heure par semaine avec des personnes qui partagent vos valeurs et qui essaient de rendre le monde meilleur.
- Priez la personne que vous voulez, de la manière que vous voulez. Fermez les yeux et

demandez à votre « moi » supérieur, à votre conscience, à votre dieu, à l'univers ou à vos ancêtres de laisser votre cœur cinq minutes et ayez foi que votre supplique a été entendue. Inspirez un bon coup. Puis encore un autre.

- Prenez soin de vous physiquement, spirituellement, mentalement et émotionnellement. Quand vous vous sentez déconnecté, vous devez prendre davantage soin de vous. Si ça vous paraît trop complexe, commencez par la base : buvez de l'eau, bougez-vous, prenez vos médicaments et mangez des légumes verts.

Prenez soin de vous (pour commencer) et des autres si vous le pouvez. Nous sommes tous dans le même bateau.

PROTECTION PENDANT LA DIVINATION

Sans surprise, de nombreux empathes sont attirés par la lecture de cartes d'oracle de tarot ou par d'autres formes de divination. Quand on a cette sensibilité, on recherche des outils qui donneront du sens aux émotions qu'on absorbe. J'ai des souvenirs très nets d'instants où je me suis redressée dans mon lit, toute seule, en me lamentant : « Pourquoi est-ce que je suis si triste ? » Et vlan ! Parfois, ça sort de nulle part.

C'est pendant la lecture elle-même que vous risquez le plus d'être une éponge émotionnelle.

Avec les cartes, vous créez une connexion avec la personne que vous « lisez », et le flux de cette connexion est à double sens. J'ai déjà fait une lecture pour une cliente sans mes cartes. Je lui ai tenu la main, j'ai fait sa lecture tout entière et je me suis effondrée en larmes sur le chemin du retour. Alors que je pleurais toutes les larmes de mon corps au bord de l'interstate 44, ma cliente m'a envoyé un SMS pour me dire que ça faisait des années qu'elle ne s'était pas sentie aussi bien. Hmm.

Comment faire pour effectuer des lectures compatissantes et attentionnées sans prendre sur son dos les fardeaux d'autrui ?

- Évitez le contact. Faites votre lecture sans que vos mains (ou le reste de votre corps) ne soient trop près de la personne pour qui vous effectuez la lecture. Cette distance physique vous aidera à garder une distance émotionnelle vis-à-vis de la lecture. Ne touchez pas l'autre tant que la lecture n'est pas terminée et que les cartes ne sont pas rangées.
- Cessez les bavardages. Même si la lecture est pour un ami, essayez de lire d'une seule traite. Il devrait y avoir un moment défini comme étant « La Lecture ». Tout le reste devrait être vu avant ou après celle-ci. Donner des limites claires à la lecture vous aidera à faire respecter les vôtres.
- Quand vous terminez la lecture, efforcez-vous de visualiser la fermeture de la connexion entre vous et la personne pour

qui vous lisez. Ne partez pas en laissant ce canal ouvert. Ne ramenez pas un peu de cette personne chez vous. Ça ne serait sain ni pour vous ni pour elle.

- Dites « non ». Encore une fois, ne faites pas de lecture quand vous n'en avez pas envie, que vous êtes malade ou fatigué, ou que la personne qui en fait la demande est un abruti, mais que vous essayez d'être gentil. Allez, répétez avec moi : « J'ai oublié mes cartes chez moi. » Vous pouvez aussi dire : « C'est mon travail, alors il faut que je sois payé pour le faire. » Les limites, les limites ! Si vous vous sentez vulnérable avant même que ne commence une lecture, vous aurez plus de mal à faire respecter vos limites pendant celle-ci.

N'oubliez pas que la lecture est un échange. Vous vous faites payer soit par lecture, soit en cafés ou en dîners. Vous ne faites pas de lectures gratuitement, on est d'accord ? Parce qu'on ne se laisse pas dévaloriser comme ça, hein.

Lors d'un échange, on donne quelque chose, et ensuite, c'est à l'autre de faire de même. Après l'échange, vous partez avec ce qu'on vous a donné, et l'autre part avec la lecture. Celle-ci ne vous appartient pas. Elle est simplement passée par vous, mais elle n'est pas à vous.

Si vous gardez à l'esprit que cette interaction est un échange, tout ira bien.

SORTILÈGE POUR PROTÉGER UN PROCHE

Consacrer une bougie à quelqu'un est une excellente façon de le protéger. Je vous conseille de faire cela uniquement pour les membres de votre famille ou les personnes dont vous êtes sûr de ne jamais être séparé. Toute magie effectuée entre plusieurs personnes crée des liens entre elles. Ces derniers sont difficiles à briser.

Pour la protection, vous pouvez choisir un cierge ou une bougie pilier de la couleur qui vous rappelle le plus ce proche. Il vous faut une matière que vous pourrez graver. Soyez prudent quand vous maniez la lame.

FOURNITURES

Cierge ou bougie pilier

Cutter ou couteau

Papier

Stylo

Surface ininflammable

Allez dans votre espace calme. Imaginez la couleur de la bougie en train d'entourer la personne. Assis en silence, commencez à graver des motifs et des mots sur la bougie. N'hésitez pas à avoir recours à l'un des sigils de protection des autres chapitres de ce livre. Vous pouvez aussi vous servir du symbole astrologique de cette personne ou de tout symbole religieux correspondant à votre idéologie.

Vous pouvez graver des mots tels que « sécurité », « protection », « amour » et « serrer dans ses bras ». Peu importe qu'ils soient lisibles ; vous, vous savez ce qu'ils veulent dire. Dites le nom de la personne. Souvenez-vous, les noms ont du pouvoir.

Après avoir gravé la bougie, écrivez votre intention sur un morceau de papier et glissez celui-ci sous la bougie. Faites attention à ne pas incendier votre maison. Laissez la bougie se consumer, et quand vous vous en débarrassez, dites « merci ».

Vous pouvez aussi entourer le papier de cire fondue pour le garder protégé dans votre foyer. J'ai quelque part chez moi une petite boîte contenant les prénoms de mes proches et des intentions. Je me sens mieux rien que de savoir qu'elle est là.

SORTILÈGE — « QUE MON NOM RESTE HORS DE TA BOUCHE » —

Je déteste les commérages. Ils sèment des graines de zizanie et répandent l'obscurité et les bêtises. Ce n'est qu'à la trentaine que je me suis rendu compte que les gens parlaient de moi en mon absence, et j'étais bien plus heureuse avant cette découverte. Je suis consciente que c'est un vrai miracle que j'aie pu me balader tout ce temps en ignorant complètement ce qu'on pensait de moi, mais c'était très agréable. L'un des pires aspects des médisances, c'est qu'on se sent totalement impuissant face à elles.

Eh bien, plus maintenant. Faisons-les taire, amies sorcières.

FOURNITURES

Image ou dessin de la personne qui ne sait pas fermer sa bouche (les bonhommes allumettes fonctionnent)

Marqueur noir

Plat ininflammable, brasero ou benne en métal

Briquet ou allumettes

Allez dans votre espace calme. Dites à voix haute ce que la personne concernée a raconté à votre sujet, puis écrivez l'inverse sur le dessin. Dessinez un « X » sur sa bouche.

Déclarez : « Tu n'as aucun pouvoir sur moi. » Répétez-le autant de fois qu'il le faut pour le croire.

Mettez le dessin dans le plat ou le brasero et brûlez-le. Laissez les cendres se disperser et emporter avec elles votre colère et votre ressentiment.

—SORTILÈGE D'ÉLOIGNEMENT—

C'est ma chère amie Sarah Kate qui m'a enseigné ce sort. J'avais dans ma vie une personne qui sabotait mon calme et menaçait mon bonheur. Il fallait que ça s'arrête. Avec ce sort, vous allez pouvoir vous en donner à cœur joie.

Pendant que vous l'effectuez, je veux que vous visualisiez toute votre souffrance et votre colère en train de pénétrer dans la pomme. Imaginez que chaque clou de girofle que vous y plantez est un éclat de rage. Votre colère et votre rage sont des sentiments justifiés. Il est délicat d'envoyer cette énergie vers une dernière, mais l'associer à l'effigie de cette dernière peut vous vider de votre fureur sans blesser qui que ce soit. Figurez-vous un mur d'air chaud vous séparant de l'individu que vous bannissez de votre vie. Même si vous ne pouvez pas vous éloigner physiquement de celui-ci, vous pouvez neutraliser l'effet qu'il a sur vous.

FOURNITURES

Pomme

Marqueur indélébile ou cutter

Couteau à légumes

Romarin

Clous de girofle

Sel

Gravez ou dessinez le prénom de la cible sur la pomme. Retirez le trognon de la pomme et remplissez-la de romarin. Plantez les clous de girofle dans le fruit jusqu'à ce que le nom en soit recouvert.

Maintenant, c'est la partie fun ! Emportez cette pomme empoisonnée vers l'eau vive la plus proche (rivière, océan…). Une fois arrivé, demandez à l'univers de vous aider à vous débarrasser de la souillure et de la noirceur que cette personne a fait entrer dans votre vie. Lancez la pomme aussi fort que possible et libérez-vous-en.

Après vous être débarrassé du fruit, sortez votre sel et lavez-vous les mains avec.

Tapez trois fois des mains. Finissez-en avec cette personne. Partez libéré.

VENGEANCE

C'est un thème un peu tabou, parce que la magie dirigée vers autrui peut être contraire à l'éthique, mais ma théorie en ce qui concerne la vengeance est la suivante : si la connexion entre vous et la personne qui vous a blessé est toujours ouverte, autant l'utiliser. Si elle vous envoie de la bonne énergie, elle en recevra également. Si elle essaie de s'en prendre à vous, eh bien, on récolte ce que l'on sème. Quand on ne veut pas d'ennuis, il ne faut pas les commencer.

J'ai vécu une situation semblable avec quelqu'un qui m'a blessée. Appelons-le Marcel. Marcel a gagné ma confiance et en a abusé, puis a continué de me faire du mal en répandant des rumeurs et en contaminant le cerveau de mes amis avec des mensonges à mon sujet. Je ne voulais pas être la méchante de l'histoire, alors j'ai évité de colporter des commérages ou de causer de problèmes. Mais être sympa, ça ne sert à rien, vous savez. La sympathie ne vous aide pas. Être « sympa », c'est être mou. Selon mon amie Sara

Benincasa, la gentillesse consiste à avoir des limites et à les faire respecter tout comme les autres font respecter les leurs. Mais moi, j'étais là, bien sympa, à regarder ce poison se répandre. Eh bien non, je ne crois pas.

L'idée de ce sort est de se servir de la connexion entre vous deux pour renvoyer l'énergie à la personne, puis d'envoyer un peu de feu pour brûler cette connexion.

FOURNITURES

Papier

Stylo

Miroir, de la même taille ou plus gros que le papier

Tissu noir

Bougie noire (car ici, on cherche à mettre un terme à une situation)

Allez dans votre espace calme. Ne lancez pas ce sort si vous êtes à fleur de peau. Le but n'est pas de blesser la personne, simplement de lui renvoyer son énergie pour vous en débarrasser. On ne renvoie pas de haine, puisque ça ne fait que perpétuer le cercle : vous transmettez de l'énergie, l'autre la traite et en renvoie. C'est un cercle d'énergie émotionnelle digne d'un élève de quatrième, et on n'a pas besoin de ça.

Écrivez tout ce que cette personne vous a fait, y compris ce qu'elle a pu raconter à d'autres sur votre compte. Notez ce que ça vous a fait ressentir et la peur que cela a généré chez vous. Écrivez tout cela au recto de la feuille. On ne renvoie à la cible que ce qui provient d'elle. Ma malédiction préférée est : « Je souhaite que le monde traite telle personne de la même façon qu'elle traite le monde. » On rend simplement à cette personne ce qui lui appartient.

Quand vous avez terminé, posez le papier sur le miroir, verso tourné vers le haut. Enveloppez le miroir dans le tissu noir. Allumez votre bougie et posez-la sur le miroir recouvert. Vérifiez qu'il n'y ait rien qui puisse prendre feu. Tout en faisant cela, je veux que vous imaginiez que tous ces mots vont revenir à la personne concernée via le cordon qui vous relie l'un à l'autre. Renvoyez-lui toutes les émotions qu'elle a causées. Libérez-vous de votre anxiété et permettez-lui d'affluer vers son créateur.

Surtout, n'envoyez pas d'énergie supplémentaire à la personne. Ni haine, ni rage, ni quoi que ce soit de blessant. Seulement ce qui vous a été donné. Renvoyez tout ça d'où ça vient.

Quand vous avez terminé, imaginez une étincelle en train de s'allumer à l'extrémité du cordon de votre côté qui vous relie à l'autre personne, puis ronger petit à petit ce cordon. Regardez-le brûler jusqu'à ce que la partie du cordon à l'intérieur de votre maison soit consumée, puis arrêtez. Ce qui se déroule en dehors de vos limites n'est pas important, puisque vous en avez été libéré.

Enterrez le miroir dans votre jardin, à au moins 30 cm de profondeur.

Ensuite, c'est la partie compliquée. Oubliez tout ça. Oubliez la personne et son poison. Travaillez sur votre guérison et efforcez-vous de passer à autre chose. Faites en sorte de boucler ce chapitre et arrêtez de le traîner avec vous. Ne communiquez pas avec la personne. Effacez-la de votre esprit, de votre téléphone, de vos réseaux sociaux et de votre vie autant que possible. Respirez.

SORTILÈGE DE GIVRAGE

Vous voyez cette personne au boulot qui vous rend complètement dingue de mille façons différentes ? Ou l'ex indésirable qui continue de faire irruption dans votre vie parce que vous avez le même cercle d'amis ? Ou encore le frère ou la sœur qui n'arrête pas de créer des problèmes avec ses commérages ? Toutes ces personnes ont quelque chose en commun : vous ne pouvez pas dissocier votre vie de la leur sans semer le chaos. Cependant, vous ne pouvez pas non plus les supporter et vous devez parvenir à un état d'esprit où leur proximité physique ne vous affecte pas autant. Ce n'est pas toujours possible de les ignorer, alors voici un petit sortilège pour qu'elles arrêtent de vouloir dialoguer avec vous.

FOURNITURES

Papier

Stylo

Sel

Congélateur

Sac de congélation

Eau

Écrivez le prénom de la personne, ainsi que son nom si vous le connaissez. Mettez le papier dans le sac congélation et remplissez ce dernier d'eau et de sel. Placez le sac au fond de votre congélateur et laissez-le là-bas.

C'est tout. Voilà le sort. Pas besoin de méditation. Contentez-vous de balancer la personne dans le congélateur et de « geler » ainsi tous les tracas qu'elle pourrait vous causer. Avec ce sort, vous suspendez l'énergie de la personne avant qu'elle ne vous frappe, et vous introduisez aussi dans votre énergie un peu d'indifférence envers elle. En effet, si la personne est gelée, vous avez moins de risques de réagir à ses provocations ou à ses piques. Vous garderez votre sang-froid (ha ha !) en sa présence.

PARDON

Personne ne cherche à pardonner, à moins de ployer sous le fardeau d'une vieille douleur. Le pardon se présente comme quelque chose que nous *devrions* accorder. Nous pouvons nous comporter en adultes et passer l'éponge. Je me demande si l'incitation générale à « passer l'éponge » ne mépriserait pas un peu notre droit à avoir des sentiments. Y a-t-il une limite au pardon ? Qu'est-ce qui est trop grave pour être pardonné ?

Il y a un moment où, peu importe ce qu'on vous a fait, vous accrocher à votre ressentiment et à votre colère vous fait plus de mal que de bien. Vous ne pardonnez pas pour l'autre personne, mais pour vous.

FOURNITURES

Stylo de couleur

Image de la personne en question

Papier

Stylo noir

Briquet

Récipient ininflammable

Nouvelle plante

À l'aide du stylo de couleur, écrivez au dos de l'image de la personne concernée ce que vous souhaiteriez idéalement dire à celle-ci. Si vous avez besoin de plus d'espace, servez-vous du papier. Pour ce faire videz votre sac.

Quand vous avez fini d'écrire, allez dans votre espace calme. Vous pourriez même aller faire un tour si le cœur vous en dit ou pratiquer n'importe quelle autre activité pour vous apaiser avant d'enchaîner sur l'étape suivante.

Maintenant que vous êtes détendu et serein, relisez ce que vous avez écrit. Pour chaque phrase, trouvez quelque chose de positif que cette personne a apporté à votre vie. Peut-être qu'en la rencontrant, vous avez aussi rencontré une nouvelle personne qui est devenue un ami important dans votre vie. Peut-être avez-vous découvert l'étendue de votre résilience grâce à elle. Peut-être avez-vous trouvé en vous une force que vous ignoriez. Que cette personne ait eu ou non l'intention d'améliorer votre existence, ce sont des cadeaux que vous avez reçus en raison de sa présence dans votre vie.

Par-dessus vos mots rédigés au stylo de couleur, détaillez au stylo noir ce qu'ont été ces cadeaux, même si la seule chose qui vous vient à l'esprit, c'est la liberté. Écrivez aussi gros que possible, de manière à recouvrir ce que vous avez écrit sur la première étape.

Brûlez le papier et le dessin dans un récipient ininflammable. Regardez-les se réduire en cendres. Souvenez-vous de qui vous étiez avant de rencontrer cette personne et pensez à qui vous êtes devenu. Lâchez prise sur la colère que vous retenez dans votre cœur. Lâchez prise sur le fardeau de la douleur.

Aux racines de votre nouvel arbre ou plante, creusez un petit trou et enterrez-y les cendres. Laissez les vestiges de cette douleur contribuer à faire pousser quelque chose.

SORTILÈGE DE COLÈRE INTENSE

Vous voyez tous ces moments où la vie part en sucette et où vous ressentez une véritable rage ? Vous aimeriez faire du mal à quelqu'un. Vous voulez jeter des objets et hurler. Vous avez envie de crier tous les jurons possibles, et pour ne rien arranger, vous êtes tellement fâché que vous en pleurez. Vous pleurez de rage.

Alors, que faire ? Vous ne pouvez pas faire du mal aux gens. Enfin, si, mais à mon avis, c'est une très mauvaise idée. Ça finit toujours par faire largement empirer la situation, et ce n'est jamais aussi satisfaisant que l'on pourrait croire. Décidons maintenant que nous n'allons faire de mal à personne, y compris à nous-mêmes. Mais nous avons toujours cette rage. Vous devez déterminer quoi en faire et où la mettre.

Ce sortilège va vous aider à la canaliser et à l'évacuer sans blesser qui que ce soit. Ignorer sa colère est inutile et malsain, et la laisser s'accumuler lui donne l'opportunité d'exploser sans crier gare, heurtant ainsi des personnes contre lesquelles vous n'êtes pas fâché. Nous allons expulser notre colère comme la fois où Iron Man s'est saisi de la foudre de Thor pour terrasser Thanos.

FOURNITURES

Marqueur noir indélébile

Bocal en verre, de préférence un bocal à conserves (ne le réutilisez pas)

3 petits bocaux en verre ou verres à liqueur

Protection pour les yeux

Votre espace calme, on s'en tape. Laissez libre cours à votre colère.

Avec le marqueur, écrivez sur le bocal en verre tout ce que vous voulez dire à la personne ou à la chose qui vous a mis en colère. N'ayez pas peur de jurer.

Sur chacun des petits bocaux, écrivez un mot afin de former l'affirmation suivante : *j'en ai fini*.

Trouvez une grande benne (dans une déchetterie, par exemple). Si vous le souhaitez, criez aussi fort que possible en lançant le bocal en verre dans la benne pour qu'il aille s'y briser en mille morceaux. Mettez-y toute votre force.

Jetez ensuite les trois petits bocaux dans l'ordre : *J'en – ai – fini*.

Tout en les lançant, laissez chaque mot résonner au plus profond de vous. Laissez-les exprimer qui vous êtes et où se trouvent vos limites. Criez encore un coup. Ça fait du bien.

Une fois que vous avez terminé, allez prendre une douche ou bien nager. Revêtez des habits confortables et mettez-vous à l'aise. Lâchez prise.

POT DE MIEL

C'est Briana Saussy, autrice d'un super livre intitulé *Making Magic*, qui m'a enseigné ce sort. Il y a plusieurs années, alors que je traversais une période plutôt sombre et que j'avais besoin d'un peu de douceur dans ma vie. Il était nécessaire pour moi de me mettre à remarquer le positif plutôt que le négatif.

On peut créer des pots de miel avec du vrai miel, mais en général, ils sont plus soignés avec du sucre. Je préfère le non raffiné, il me paraît plus proche de la Terre. Vous pouvez employer du sirop d'agave ou de la mélasse ; tout ce qui pourrait adoucir votre vie.

Ces pots de magie charmante encouragent l'harmonie et l'amour et peuvent contribuer à influencer les autres pour qu'ils vous considèrent (ainsi que votre vie) d'un œil plus charitable et d'un cœur plus compatissant. Il s'agit d'une forme de magie sympathique, semblable à un *poppet* traditionnel ou à une poupée vaudou. En magie sympathique, on crée un lien entre une personne et un objet, et la magie qui est effectuée sur le second va également se répercuter sur la première. C'est comme une bouteille de sorcière, sauf qu'au lieu d'urine et de clous rouillés, on emploie des fleurs et du sucre !

Vous pouvez fabriquer des pots de miel pour vous-même dans le but d'être moins râleur au travail ou vis-à-vis de vos proches, ou pour vos proches, afin qu'ils soient plus heureux et plus compatissants.

Un petit conseil d'ami ? Vous pouvez aussi en faire pour que votre patron arrête de vous traiter comme un moins que rien ou pour qu'une banque valide le prêt dont vous avez besoin. Vous n'accomplissez pas de magie sur quelqu'un : vous visez les sentiments d'une personne à votre égard et la façon dont elle met ceux-ci en pratique.

FOURNITURES

Papier

Stylo

Bocal avec couvercle

Miel, sucre, fleurs – tout ce qui est sucré et naturel

Bougie

Tout d'abord, vous devez écrire une pétition. Briana suggère de procéder de la manière suivante :

La pétition créée pour un bocal de miel a tendance à suivre un format spécifique. D'abord, écrivez le nom de votre cible (autrement dit, la personne sur laquelle vous souhaitez que le pot de miel ait un effet), puis tournez le papier de quatre-vingt-dix degrés et écrivez votre nom par-dessus celui de la cible. Si vous préférez réaliser un pot de miel pour vous-même, vous pouvez bien entendu ignorer cette deuxième étape.

Certaines personnes aiment écrire le nom de la cible au crayon de papier puis leur propre nom au stylo ou au marqueur indélébile, l'idée étant que l'encre indélébile est plus « forte » que les traits d'un simple crayon de papier (qui peuvent pour leur part être effacés) et exerce donc une influence nettement plus puissante. Personnellement, je privilégie une encre forte et bien visible pour les deux noms. Après avoir inscrit ceux-ci, il est temps de créer un cercle magique autour d'eux de la façon qui suit :

Lorsque vous tracez un cercle autour des noms, la pointe de votre stylo ne doit surtout pas quitter le papier. C'est pourquoi il est plus logique d'employer une courte prière. Pour former mon cercle, j'ai écrit par exemple « amour et bénédictions » encore et encore[24].

---

24 Saussy (Briana), « How to Make a Honey Jar (with Pictures!!!) », *BrianaSaussy.com*, 15 juillet 2013. https://brianasaussy.com/how-to-make-a-honey-jar-with-pictures (Citation traduite par Clélia E. Rubière.)

Quand vous avez terminé votre pétition, vous pouvez appliquer de l'huile dessus et la plier. Mettez-la dans le pot de miel et refermez celui-ci avec le couvercle. Ce dernier doit être ininflammable, alors assurez-vous qu'il puisse supporter la flamme et la chaleur d'une bougie.

Ajoutez votre sucre et tout autre élément naturel aux évocations similaires. Cannelle, pétales de fleurs, vanille ; tout ce qui vous attire. Faites en sorte de recouvrir intégralement la pétition.

Choisissez une bougie que vous aimez et qui peut être posée sur le bocal. J'aime me servir de bougies chauffe-plats, parce que leur cire ne dégouline pas et qu'elles se consument donc sans danger. Vous pouvez utiliser une bougie qui va fondre le long du bocal, mais une fois encore, soyez prudent.

Quand je ressens le besoin de redonner un petit coup de fouet au sortilège, j'allume une nouvelle bougie. Je possède certains de mes pots de miel depuis des années. J'estime que je prends soin d'eux et de leur intention autant que je prends soin des personnes que j'aime. Je garde le pot jusqu'à ce que j'aie l'impression que son ardeur s'est estompée. J'utilise des ingrédients 100 % naturels pour pouvoir les rendre à la terre une fois leur rôle accompli.

MAGIE D'IMAGE

La magie d'image est plus connue sous le nom de « poupées vaudou ». On crée un *poppet* ou une poupée à l'effigie d'une personne, puis on a recours à la magie sympathique pour opérer un changement chez cette dernière. Dans ce sortilège, la personne, c'est vous. Souvenez-vous que dans toute magie, n'importe quel sort qui vous relie à quelqu'un d'autre créera des liens, alors faites attention.

Vous pouvez aussi avoir recours à une photo ou à un dessin de bonhomme allumette pour tisser le lien dont vous avez besoin entre un objet et une personne. La magie sympathique repose fortement sur l'intention. Puisque nous préférons être gentils, je ne vous recommande pas d'utiliser de la magie d'image à des fins malfaisantes ou sans consentement explicite, sauf s'il s'agit d'adoucir des sentiments qui existent déjà.

Vous pouvez avoir recours à la magie d'image dans la plupart de ces sorts. Par exemple, pour le pot de miel, vous pouvez joindre au reste des ingrédients du bocal un dessin ou une poupée.

Puisqu'il est question d'objets activement magiques, vous ne pouvez pas vous contenter de les balancer au recyclage. Si vous avez eu recours à de la magie d'image dans un sort, quel qu'il soit, il vaut mieux enterrer l'objet loin de votre maison, accompagné d'une petite offrande telle que des pièces ou des fleurs, puis l'oublier. Trouvez un lieu calme à proximité d'un ruisseau ou d'une rivière, ensevelissez l'objet et partez.

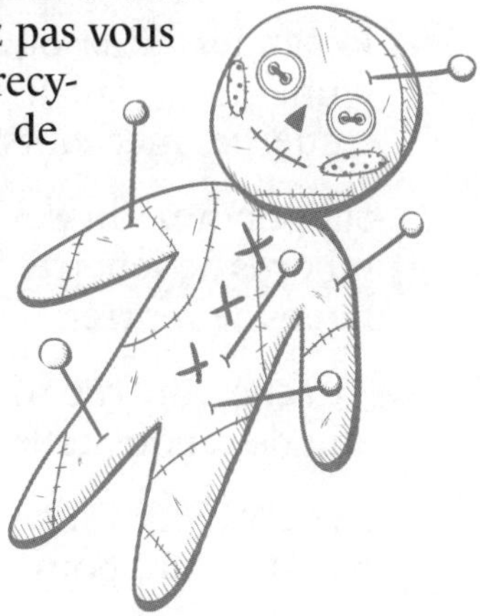

MAGIE POPULAIRE ET SUPERSTITIONS SUR LE THÈME DE LA PROTECTION

Ne traversez jamais un cercle de champignons, ou les fées viendront vous chercher.

Transpercez d'épingles la surface d'un oignon pour vous protéger des attaques.

Peignez la façade de votre maison couleur bleu *haint* afin de désorienter le diable.

Utilisez du poivre pour vous protéger. Saupoudrez-en devant votre maison afin de tenir les gens à distance. Mettez-en sous les chaises de vos invités de façon à éviter qu'ils ne restent trop longtemps.

Plantez de la menthe poivrée dans le jardin pour vous protéger.

Répandez de la poussière de brique rouge à l'aide d'une brosse sur le seuil ou le perron de manière à garder les méchants à distance.

Saupoudrez du sel sur les seuils de portes ou les rebords de fenêtres pour empêcher les esprits maléfiques de rentrer.

Attachez un ruban rouge autour de votre poignet afin de repousser le mal.

Ayez toujours sur vous un morceau de bois frappé par la foudre pour vous protéger.

Portez le symbole du mauvais œil de façon à tenir à distance le mauvais œil lui-même.

Associez ail, sel et romarin pour repousser le mal.

Taper plusieurs fois sur du bois pour apporter chance et protection.

Suspendez des cloches dans les coins afin d'éloigner la négativité.

Accrochez des tresses d'oignons au-dessus de votre porte pour protéger votre foyer.

Utilisez des clous de girofle pour parer les attaques.

Dessinez une croix dans la poussière à l'extérieur de votre maison afin de vous protéger vous-même ainsi que votre foyer.

Décroisez vos couteaux pour faire cesser une dispute.

Nettoyez la vitre de votre porte d'entrée avec du jus de citron de manière à voir clairement les intentions de quiconque se montre à votre porte.

Portez du bleu pour vous protéger.

Accrochez un fer à cheval à la verticale au-dessus d'une porte de façon à tenir les fées à distance et à faire venir la chance.

Plantez des clous en fer au-dessus de votre porte afin de repousser les fées.

Toquez trois fois à la porte pour faire fuir les fantômes (et faire venir Penny).

Versez un peu de sel sur votre tête pour venir à bout des migraines.

n°11

Amour
ET GUÉRISON

Nous savons tous qu'on ne peut forcer personne à faire quoi que ce soit, et encore moins à tomber amoureux de nous. Ce que nous pouvons contrôler, c'est nous-même ainsi que l'énergie qui nous entoure. Il ne s'agit pas d'un de ces concepts « amour et lumière », ou d'apprendre à s'aimer soi-même avant de rechercher une relation amoureuse. Ne vous méprenez pas, j'adore RuPaul, qui déclame à la fin de chaque épisode de *RuPaul's Drag Race* : « Si vous ne vous aimez pas vous-même, comment allez-vous donc pouvoir aimer quelqu'un d'autre ? » Pourtant, je pense que ce n'est pas là une idée des plus utiles. Certaines personnes ont appris à s'aimer en aimant d'abord les autres.

MAGIE DE NŒUD POUR LA SANTÉ

L'idée ici n'est pas de perdre du poids, mais de se sentir bien.

Pour ce sort, vous aurez besoin d'une ficelle, d'une mèche de vos cheveux ou d'un fil suffisamment long pour pouvoir y faire trois nœuds espacés. Ça ressemblerait à ça :

Ficelle nouée

FOURNITURES

Stylo

Papier

Ficelle, fil ou cheveux

Bougie jaune ou orange

Encens de cèdre ou de sauge

Rendez-vous dans votre espace calme. Créez l'énergie dont vous avez besoin pour vous sentir bien.

Écrivez trois habitudes que vous devriez changer pour devenir la version la plus saine de vous-même.

Voici un exemple :

Trois habitudes qui doivent changer

1. Me ruer sur la malbouffe
2. Ne pas faire de sport
3. Me répéter des pensées/paroles négatives à mon propos

Écrivez trois choses que vous pouvez faire pour changer ces habitudes.

Prenez le fil dans vos mains et pensez au moment où vous avez adopté ces habitudes et aux raisons pour lesquelles elles perdurent. Vous pouvez aussi en parler à voix haute plutôt que d'y penser. Le but n'est pas de vous blâmer ou de vous rendre honteux. Le but est de comprendre que ces habitudes n'ont pas débarqué du jour au lendemain et qu'elles ne vont pas disparaître du jour au lendemain non plus. Il faut honorer ce que vous avez traversé. Comprenez que nous n'essayons pas de vous catapulter vers un mode de vie sain par un coup de pied au derrière. Nous allons nous efforcer d'améliorer la fabuleuse créature que vous êtes. Si vous essayiez de faire pousser une plante, vous ne la priveriez pas d'eau tout en l'abreuvant d'injures. Vous la cultiveriez et prendriez soin d'elle. Vous l'aimeriez jusqu'à ce qu'elle s'aime assez pour prendre soin de sa santé seule, non ? Ici, la plante, c'est vous.

Pour revenir à notre exemple, tout en faisant le premier nœud (ne serrez pas trop, il faudra ensuite le défaire), songez à ce que la malbouffe fait à votre corps, à la façon dont elle affecte votre humeur et votre rapport à vous-même.

Tandis que vous réalisez un deuxième nœud assez lâche, pensez à ce qui se passe quand vous ne bougez pas votre corps.

Tout en faisant le troisième nœud (toujours lâche), réfléchissez à ce que votre conduite autodestructrice vous fait. Elle plante une graine, puis celle-ci pousse. Essayez de vous rappeler où vous avez entendu ces mots négatifs pour la première fois. Je vous parie un million qu'ils n'étaient pas de vous. Quand on veut désapprendre une habitude, la clé est de mettre un nom dessus.

Ensuite, dénouez le premier nœud, en pensant à et en parlant de ce que vous pouvez manger à la place de la malbouffe. Visualisez la nourriture dans votre tête : quels sont les aliments que vous aimez et qui vous aiment aussi ? Décidez qu'en défaisant ce nœud, vous vous libérez de cette habitude malsaine et que vous faites de la place à l'option saine.

Défaites le deuxième nœud en imaginant ce à quoi vous allez ressembler et comment vous allez vous sentir quand vous arriverez à bouger votre corps quotidiennement. Même s'il ne s'agit que de marcher vingt minutes par jour. Décidez que votre corps est un outil et que vous allez maintenir votre outil en bon état afin de pouvoir accomplir le travail que vous devez faire. Décrétez que vous allez vous libérer de l'inactivité et faire de la place à l'activité.

Défaites le troisième nœud et créez de nouveaux mots à vous dire. Des mots qui vous construisent au lieu de vous détruire. Je propose souvent aux gens de diviser une feuille en deux colonnes et d'écrire ce qu'ils se disent dans la colonne de gauche, puis le contraire dans celle de droite. Ensuite, on brûle la moitié gauche de la feuille et on garde la droite sur soi. Elle peut faire office de marque-page, ou bien vous pouvez la prendre en photo et la sauvegarder comme écran de veille sur votre téléphone.

Allumez une bougie pour fixer votre vision et un peu d'encens afin de l'envoyer dans l'univers.

Quand vous avez terminé de dénouer la ficelle, posez-la sur votre autel ou dans un lieu calme pendant trente jours. Mettez en pratique les nouvelles habitudes auxquelles vous avez fait de la place. À la fin des trente jours, prenez le temps de réfléchir à ce que vous avez changé et demandez-vous si ça a fonctionné. Si ce n'est pas le cas, enterrez la ficelle et recommencez avec une nouvelle ficelle ainsi que des choix plus spécifiques. Si vous avez réussi, ensevelissez la ficelle et libérez toute cette énergie dans la terre. Dites : « Merci. Je suis reconnaissant. Encore plus, s'il vous plaît. »

POUR OUVRIR UN CŒUR BRISÉ

J'ai beaucoup de clients de tarot qui m'appellent car ils cherchent l'amour. Parfois, je leur pose des questions sur leur dernière relation. Est-ce que vous aviez décidé de renoncer aux relations amoureuses ? Est-ce que vous avez dit à l'univers que vous n'en vouliez pas d'autres, que c'était terminé pour vous ?

« Euh, oui. »

D'accord. Et est-ce que vous avez informé l'univers que vous aviez changé d'avis ?

Il faut le faire. Quand vos intentions changent, vous devez le faire savoir. Songez à quel point vous le pensiez. NON, je refuse d'être à nouveau blessé. NON, je n'accueillerai personne dans mon lit ou dans ma vie. NON, je refuse d'être vulnérable. Moi aussi, j'ai dit tout ça, et je le pensais. On pose une limite et on veut absolument qu'elle soit respectée.

Jusqu'à ce qu'on n'en ait plus envie.

Donc, si vous voulez revenir sur vos décisions, pas de problème. D'abord, vous devriez vous être remis de votre ex. Soyez guéri. Soyez à l'aise avec le célibat. Prenez quelques mois, un an ; le temps de recoller les morceaux de votre cœur. Soufflez.

Avant de vous inscrire sur des sites de rencontre et de chercher votre partenaire, annoncez à l'univers que vous êtes de nouveau prêt.

Rédigez un e-mail que vous vous enverrez. Adressez-le à votre notion de « Dieu ». Dites à l'univers que vous avez apprécié cette pause dans la recherche de l'amour, mais que vous êtes prêt à réessayer.

Détaillez-lui aussi ce que vous avez tiré de votre dernière relation. Il doit y avoir quelque chose. Que ce soit une leçon sur ce qui a marché, ou au contraire, sur ce qui n'a pas fonctionné, c'était important.

Remerciez-le pour le temps que vous avez passé à prendre soin de vous-même. Promettez de continuer à le faire même quand vous rencontrerez quelqu'un. Appuyez sur « envoyer ».

Trouvez une citation qui vous aidera à vous rappeler à quel point vous vous aimez et que vous refusez de vous contenter d'une personne inférieure à vos attentes. Mettez cette citation en écran de veille sur votre téléphone.

— TROUVER L'AMOUR —

Ce sortilège d'amour vise à modifier votre énergie afin de vous ouvrir à l'amour. Je dois préciser que ce sort ne vous sera peut-être pas nécessaire. De nombreuses personnes vivent toute leur vie sans partenaire et sont pleinement satisfaites.

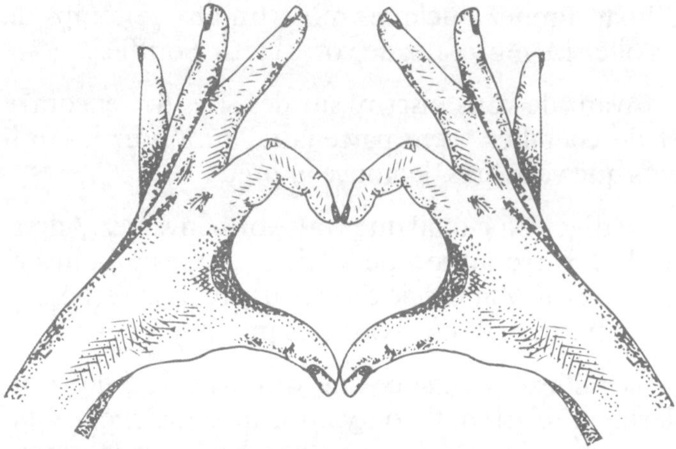

FOURNITURES

Bougie rouge ou rose

Papier

Stylo

Briquet

Plat ininflammable

Ficelle ou ruban rouge

Allumez la bougie. Sur la moitié gauche de votre page, écrivez les défauts, petits ou gros, que vous ne souhaitez pas chez votre partenaire. Les détails comptent souvent davantage que vous ne l'imaginez.

Sur la moitié droite de la page, listez les qualités que vous voulez absolument chez votre partenaire. Ce sont des caractéristiques non négociables. Voici un exemple ci-contre.

Mon partenaire ne devra pas	*Mon partenaire devra*
Laisser ses chaussettes en boule	Se montrer gentil
Faire les choses à la va-vite	Être intelligent
Mentir	Être drôle
Rompre ses promesses	Être taquin
Se chercher des excuses	Être ancré la majorité du temps
Être timide	Me tenir la main
Me demander de l'argent	Aimer le sexe
Avoir zéro estime de lui	Avoir un rire qui me fait rire
Être jaloux	Être courageux
Se mettre discrètement les doigts dans le nez	Avoir envie de voyager
Rabaisser les autres	Adorer lire

Déchirez la feuille en deux. Brûlez la moitié gauche et laissez les cendres se disperser.

Pliez le côté droit en deux, puis encore en deux. Sur ce côté-ci, écrivez votre intention : « Je recherche un(e) partenaire. » ; « Je recherche ma moitié. » ; « Je recherche une aventure sans prise de tête. »

Pliez à nouveau soigneusement le papier et attachez la ficelle autour.

Placez le papier sur la bougie ou à proximité (ne mettez pas le feu à votre maison, je vous en prie) et visualisez votre partenaire.

La partie la plus importante de ce sortilège a lieu ensuite. Quand vous irez à des rendez-vous galants, souvenez-vous de ce qui se trouvait sur cette liste. Si c'était suffisamment important pour que vous l'écriviez, c'est suffisamment important pour être non négociable. Cette liste est un extrait de celle que j'avais réalisée quand je recherchais la personne idéale. Par la suite, je me suis rendue à bien des premiers rendez-vous et je faisais très attention au comportement de l'autre. Si mon prétendant montrait la moindre des caractéristiques à gauche, c'était fini. Une fois, un mec a claqué des doigts pour appeler un serveur. Suivant ! C'est une compétition pour trouver la personne qui sera assez géniale pour passer du temps avec vous. Assurez-vous qu'elle mérite votre temps.

Souvenez-vous que la recherche d'un partenaire est comme à un essayage de vêtements. Si ça ne vous va pas, remettez-le là où vous l'avez pris. Ne discutez pas en MP pendant des semaines avant de vous rencontrer. En faisant ça, vous créez une relation factice qui existe entre un faux vous parfait et un faux lui parfait ou une fausse elle parfaite. Rencontrez-vous dans la semaine ou passez à autre chose. N'oubliez pas que votre temps est tout aussi précieux que vous. Ne laissez pas vos papillons dans le ventre ou votre ego vous faire perdre du temps avec des gens qui ne s'intéressent pas vraiment à vous ou qui ne vous correspondent pas exactement.

Après avoir rencontré mon mari pour la première fois, je suis rentrée chez moi et j'ai vérifié la liste. Il remplissait tous les critères, à part le fait qu'il n'avait jamais vu *Doctor Who*. Quand je lui ai dit ça, il s'y est mis et il a enchaîné tous les épisodes en quelques semaines. Alors, je l'ai épousé.

BOUTEILLE DE SORCIÈRE POUR L'AMOUR

Comme pour la bouteille de protection, c'est un petit plus que vous pouvez faire avec tout autant d'intensité, pour une récompense légèrement plus douce.

Je sais que de nombreux sortilèges d'amour vous encouragent à utiliser une photo de la personne que vous souhaitez voir tomber amoureuse de vous.

Je pense que c'est une très mauvaise idée, et je vais vous expliquer pourquoi.

D'abord, comment savez-vous que cette personne n'est pas un abruti de première ? Eh bien, vous ne le savez pas. Ensuite, peut-être qu'elle n'a pas envie de vous aimer, et que votre démarche est donc manipulatrice. Avez-vous réellement envie d'être avec quelqu'un qui ne désire pas être avec vous ? Pour terminer, réfléchissez au fait que si vous choisissez d'effectuer un sort impliquant une autre personne, vous vous liez à cette personne qui, oui, vous donne actuellement des papillons dans le ventre et tout le tralala, mais qu'adviendra-t-il si la relation ne marche pas ? Alors, vous vous retrouverez avec un lien vous rattachant à quelqu'un que vous n'apprécierez peut-être même plus. Mieux vaut laisser la relation se développer naturellement.

Pour ce sortilège, nous allons dire à l'univers comment nous souhaitons être traités. Il n'est pas question de trouver directement une personne, mais plutôt de repousser les gens qui ne méritent pas votre temps.

FOURNITURES

Tout ce qui vous rend heureux et qui représente l'amour : quartz rose, fleurs, un parfum que vous aimez, miel, sucre, paillettes, aiguilles de pin ou de cèdre, scotch ou whisky, œil de tigre ou jais, café

Bocal ou bouteille avec couvercle qui peut se sceller

Ficelle rouge

On est à la recherche d'objets qui vous mettent à l'aise. Vous devez mettre dans le bocal des éléments susceptibles d'attirer vers vous de bonnes personnes. Dans l'univers de *Harry Potter*, il existe un philtre d'amour appelé « Amortentia », dont l'odeur est différente pour chacun en fonction de ce qui attire la personne. C'est ce que nous visons. Par exemple, dans mon bocal, il y aurait de la cannelle, de la vanille et des nectarines.

Pendant que vous préparez votre sort et que vous disposez les ingrédients devant vous, pensez à tout ce qui vous fait vous sentir bien. Sensations, mots, chansons. Ouvrez-vous pour accueillir ces choses dans votre vie.

Rendez-vous dans votre espace calme. Imaginez toutes les attitudes négatives d'autrui, auxquelles vous avez dû faire face, en train de vous glisser dessus sans s'accrocher à vous. Visualisez-vous en train de recevoir de l'amour, du respect et de l'attention. Restez là un moment.

Insérez vos ingrédients dans la bouteille. Scellez le couvercle ou le bouchon avec de la cire.

Enroulez la ficelle rouge autour du goulot de la bouteille et nouez-la trois fois.

Placez la bouteille sous votre lit.

Au bout d'un an environ, vous voudrez trouver une nouvelle maison à cette bouteille. En effet, les bouteilles ont tendance à perdre de leur efficacité après un temps, et ce n'est pas une bonne idée d'avoir un an d'intentions piégé dans une bouteille sous votre lit. Vous pouvez l'ensevelir ou la recycler.

— SORTILÈGE DE BRILLANCE —

Ce sortilège a pour but de vous faire tomber davantage amoureux de vous-même. L'égoïsme n'est pas une mauvaise chose ; il signifie que vous vous mettez en priorité dans la vie. C'est ce qu'on devrait faire. Tant que vous n'ignorez pas vos responsabilités et que vous ne traitez pas les autres comme des objets, l'égoïsme est en réalité très sain.

FOURNITURES

Stylo joli et non toxique que vous aimez (encore mieux s'il est à paillettes !)

Photo de vous-même que vous n'aimez pas particulièrement. Peut-être a-t-elle été prise quand vous étiez à un âge ingrat, ou que vous traversiez une mauvaise passe émotionnelle

Long ruban blanc

Huile symbolisant l'amour

Rendez-vous dans votre espace calme. Avec votre joli stylo, écrivez sur votre visage. Notez ce que vous aimez chez vous et ce que vous faites de bien. Listez tous vos vœux qui se sont réalisés, les bonnes choses qui vous sont arrivées et celles que vous avez effectuées pour autrui. Rédigez tout ça jusqu'à ce que votre visage soit recouvert d'encre pailletée. Tout en écrivant, prenez conscience des choses fabuleuses que vous avez accomplies et de celles que vous allez faire. Quand vous avez fini, regardez l'œuvre scintillante que vous venez de créer. Regardez l'œuvre scintillante que vous *êtes*. Enroulez délicatement le ruban blanc autour de la photo jusqu'à ce qu'elle soit complètement dissimulée. Oignez-la de n'importe quelle huile symbolisant l'amour et rangez-la sur un coin de votre autel ou près de votre lit.

GUÉRISON

Je suis une grande fan de médecines orientale et occidentale, et je serais la dernière à vous dire de vous reposer sur la magie pour vous guérir d'une maladie. La science existe et elle est importante. Toutefois, je pense que votre état d'esprit peut contribuer à accélérer ou à ralentir votre guérison. Nous avons parlé de la psychologie de la magie dans la première partie de ce livre, mais puisque l'alliance de la médecine et de la magie semble généralement contre-intuitive, je voulais y revenir.

Jadis, c'étaient les femmes sages du village qui étaient guérisseuses. Avant que la médecine ne s'institutionnalise et ne devienne la propriété du patriarcat, les sorcières étaient guérisseuses. La guérison passe par l'équilibre entre corps, cerveau et esprit. Il est difficile de guérir quand votre cœur et votre âme ne suivent pas. J'ai été malade pendant une très longue période, et franchement, dès que j'ai été suffisamment en forme pour ressentir un minuscule élan d'optimisme, je me suis mise à aller mieux très rapidement. La plasticité neuronale permet aux cellules nerveuses du cerveau de se réaligner et de compenser les blessures et les maladies. Elle réagit aussi aux changements de votre environnement et de vos schémas comportementaux. La plasticité neuronale consiste notamment à reprogrammer votre cerveau afin qu'il provoque les résultats que vous désirez. Ce n'est pas là *LE* secret : si vous êtes tombé malade, ce n'est pas parce que vous n'aviez pas envie d'aller bien. On parle de méditer et d'accomplir de la magie pour obtenir un meilleur environnement physique dans lequel améliorer sa santé.

Cela dit, je vous implore de ne pas vous contenter d'effectuer un sortilège et une méditation, puis d'attendre que votre pneumonie s'en aille. Prenez les bons antibiotiques *en plus* de faire de la magie et de la méditation.

FOURNITURES

Boisson qui vous fait vous sentir mieux

Bougie bleue

Pour accomplir ce sortilège, vous aurez besoin de calme pendant au moins vingt minutes. Concoctez votre boisson. Ce que je préfère, c'est un thé à la menthe marocain avec du miel ou une infusion *throat coat*. Préparez votre boisson en effectuant chaque étape avec amour. Imaginez le miel briller d'une lumière capable de soigner, et l'eau chaude se préparer à se battre contre la maladie dans votre corps.

Posez votre bougie dans votre champ visuel et allumez-la.

Asseyez-vous à un endroit où vous pourrez ensuite vous allonger. Fixez la bougie et laissez vos yeux se détendre. Buvez lentement, en imaginant tout du long que le thé est en train de gagner son combat contre la maladie. Tout en le sirotant, visualisez une vague bleue et calme en train de déferler à l'intérieur de votre corps, refroidissant votre fièvre et vous débarrassant de la maladie.

Quand vous avez terminé votre boisson, allongez-vous et fixez la bougie du regard. Encore une fois, détendez vos yeux et imaginez la lumière de la bougie grandir et vous envelopper. Voyez la lumière dorée pénétrer votre peau et rencontrer la vague bleue intérieure.

Jaune plus bleu, ça fait vert. Laissez les énergies de l'Eau (le thé) et du Feu (la bougie) se transformer en un beau vert de guérison puis vous envelopper.

Dormez. Ça vous fera du bien.

Essayez d'accomplir ce rituel à chaque fois que vous vous allongez pour une sieste ou pour la nuit. Continuez de boire du thé, du chocolat chaud ou de l'eau. Continuez d'encourager la guérison de l'intérieur comme de l'extérieur. La clé de ce sortilège est de devenir acteur de votre propre guérison.

— GUÉRISON POUR AUTRUI —

Notre monde semble un peu bancal, en ce moment. Quelles que soient vos opinions politiques, vous devez être conscient que les membres les plus vulnérables de nos communautés subissent une pression intense et sont en danger. Si vous bénéficiez d'une position confortable et privilégiée, vous pouvez utiliser votre magie pour leur envoyer de l'amour, de la guérison et du soutien. Vous pouvez effectuer ce sort pour un groupe de vos amis, pour une communauté en particulier ou pour le monde entier.

Nous n'essayons pas de réparer le monde. Ce que nous allons faire, c'est donner aux autres un peu de lumière pour que leur chemin soit plus sûr. Vous avez plus de pouvoir que vous ne le pensez, et accomplir des sorts comme celui-ci peut aider à accroître votre confiance en votre magie, ainsi qu'à partager un rayon de soleil avec ceux qui en ont besoin.

Il est très important d'avoir l'esprit clair pour s'engager dans cette magie. Nous n'envoyons pas de haine à ceux qui menacent les nôtres. Nous envoyons de l'amour, de la chaleur et de la visibilité aux victimes afin que leurs oppresseurs ne triomphent pas.

FOURNITURES

Marqueur indélébile

2 bougies de neuvaine orange

Photo ou dessin de la communauté que vous protégez

Allumettes

Rendez-vous dans votre espace calme.

Écrivez vos dons sur la première bougie. Vous avez de l'amour, de l'humour, un instinct protecteur, de l'intelligence, de l'endurance, de la rage… Notez-les.

Sur la seconde bougie, précisez les destinataires de vos dons. Votre famille, la communauté trans, les victimes de violences domestiques, le monde.

Sur l'image de la communauté que vous protégez, reportez les dons que vous avez notés sur la première bougie. Par exemple : « Aux membres de la communauté trans. Je vous apporte mon amour, mon humour, ma protection, mon endurance, ma rage et ainsi de suite. Je crois en vous. Je me tiens à vos côtés. »

Tenez la première bougie et regardez les mots que vous avez listés. Assumez-les. Allumez la bougie avec une allumette, puis visualisez l'énergie que vous tenez entre vos mains en train d'avancer vers la communauté que vous souhaitez protéger.

Servez-vous de l'allumette pour transporter la flamme de la première bougie à la seconde. Concentrez-vous sur l'image de la communauté concernée. Voyez vos dons s'envoler vers les membres de celle-ci. Figurez-vous la chaleur et l'amour en train de les envelopper.

Placez l'image sous la seconde bougie et laissez les deux bougies se consumer totalement.

MAGIE DE TÉLÉPHONE PORTABLE

Les tableaux de visualisation ont pris une tout autre dimension depuis qu'Oprah et *Le Secret* les ont mentionnés. Un tableau de visualisation est un ensemble de mots et de dessins qui représentent le futur que vous envisagez pour vous-même. À la Saint-Sylvestre, ma famille et moi-même récupérons tous les magazines qui se sont accumulés au cours de l'année et les découpons en morceaux. L'an dernier, mon tableau était composé d'un corbeau tenant un stylo dans son bec, d'une photo de Prince, d'une citation de Janelle Monáe, et de l'expression fortuite « Voyage par les livres ». Cette année, c'est exactement ce que j'ai fait. Je suis partie en tournée promotionnelle pour mon livre avec mes enfants, j'ai approfondi mon affinité pour les corbeaux et j'ai entendu Prince et Janelle Monáe tout le temps. C'est probablement lié à la théorie selon laquelle quand on recherche des éléments particuliers, on a davantage de chances de les voir, mais je pense que ça fait partie de la magie. Vous glissez le codage dans votre cerveau afin qu'il puisse chercher des opportunités tout autour de vous. Qu'est-ce que c'est chouette, la plasticité neuronale !

Vous utilisez constamment votre téléphone portable, parfois à votre détriment. Ce sortilège est une excellente façon de faire fonctionner votre organe en votre faveur. Vous pouvez l'employer à de nombreuses fins, mais ici, nous allons nous fixer des objectifs liés à l'amour.

FOURNITURES

Téléphone portable

Liste d'objectifs pour l'année à venir

Pile de magazines

Tubes de colle

Petit panneau d'affichage

Installez-vous confortablement à votre bureau et réalisez un collage de ce à quoi vous souhaitez que ressemble l'année, le mois ou la semaine à venir. Incluez des mots qui vous parlent, des fleurs qui vous rendent heureux, ainsi que des personnes incarnant des qualités que vous visez. C'est votre futur que vous créez, alors placez la barre haut. Je pense que les gens doivent faire leur maximum pour voir ce dont ils sont réellement capables. Mettez des photos de personnes qui vous attirent, des mots tels que

« passion » et « connexion », des plantes qui vous donnent le sourire et des citations qui vous inspirent à exiger de la vie ce que vous méritez.

Prenez une capture d'écran du collage et enregistrez-le en fond d'écran ainsi qu'en écran de veille de votre téléphone.

À chaque fois que vous aurez votre téléphone dans les mains, vous verrez vos rêves. Vous pouvez même avoir un collage d'objectifs à long terme pour votre fond d'écran et des objectifs à court terme pour votre écran de veille. Vous poussez vos vœux vers l'avant et vous vous en entourez constamment.

Faites en sorte que votre téléphone fonctionne en votre faveur.

Vous pouvez aussi programmer des rappels pour vous remettre sur le chemin menant à vos objectifs. Si votre but est de faire du sport trois jours par semaine, au lieu de vous mettre des rappels désagréables sur votre téléphone, programmez des notifications pour vous rappeler la musculature que vous visez. Enregistrez des rappels avec les bras de Linda Hamilton ou les muscles du dos de Pink (oh là là !). Donnez de la positivité à vos objectifs.

LÂCHER PRISE SUR LE DEUIL

Se raccrocher au deuil peut vous alourdir inutilement. Bien entendu, vous pouvez pleurer la perte que vous avez subie, mais vous ne devriez pas vivre dans ce deuil.

Au bout d'un moment, il ne vous est plus bénéfique. Il ne rend plus hommage au disparu. Si vous vous sentez seul, triste, rejeté ou désespéré, ce sortilège peut vous aider. Je l'ai mis dans le chapitre sur l'amour parce que c'est vous aimer vous-même que de lâcher prise sur ce qui ne vous rend plus service.

FOURNITURES

Marqueur indélébile

Petit tissu

Pierre (de préférence, un quartz rose)

Plante ou arbre

Vous allez envoyer votre deuil sous terre. Vous allez le planter et voir quelque chose de beau pousser grâce à lui. Pendant que vous travaillez, repassez dans votre tête la chronologie de votre relation avec cette personne (ou avec cette situation), depuis le jour où vous vous êtes rencontrés jusqu'au moment présent où vous effectuez le sortilège. Si ça vous aide, écrivez tout cela et incluez-le dans le paquet. Quand j'ai accompli ce sortilège, j'ai écrit le prénom de ma grand-mère sur une pierre et j'ai enseveli celle-ci dans la terre d'une plante de deuil que j'avais eue à mon travail. À chaque fois que je vois cette plante, je pense à ma grand-mère.

Sur le tissu, écrivez le nom de ce qui vous fait mal. Enveloppez la pierre dans le tissu. Soyez délicat. Cette pierre représente votre cœur.

Enterrez la pierre et le tissu sous la plante ou l'arbre que vous plantez.

Cet arbre ne sera pas un symbole de votre douleur, mais témoignera de votre force et de votre capacité à grandir.

TRANSFORMER LA CRAINTE EN ACTION

Quand on prend peur, on peut se figer. La peur est importante. Elle fait partie de votre système d'alerte précoce. Elle a besoin d'être présente, car les seules personnes qui ne ressentent aucune peur sont les enfants en bas âge et les terroristes. La peur peut vous maintenir en vie et vous donner des bases solides pour votre existence. Cependant, parfois, la peur est un frein. Votre chat adoré est malade, puis se sent mieux. Peut-être qu'il va très bien, mais peut-être aussi qu'un rendez-vous chez le vétérinaire s'impose. La peur que quelque chose n'aille pas comme il faut peut vous glacer sur place. Si vous appelez le vétérinaire, vous pourriez perdre votre boule de poils. Si vous ne téléphonez pas, il ne se passera rien pendant un temps, n'est-ce pas ? Vivre dans le flou, le cerveau rempli d'inquiétudes constantes, est presque aussi douloureux que de comprendre pourquoi votre chat est malade. Les hypothèses vous assaillent de toutes parts et la peur vous paralyse.

Qu'il s'agisse d'emmener votre chat chez le vétérinaire, de passer un coup de téléphone au sujet d'une facture impayée ou de lancer une conversation difficile, l'appréhension peut être pire que la réponse. Ce sortilège peut vous aider à surmonter votre peur afin de vous dégeler.

FOURNITURES

Stylo

Papier

Sac de congélation

Eau

Sel

Protection pour les yeux

Marteau

Tout d'abord, rendez-vous dans votre espace calme. Pensez aux pires hypothèses qui pourraient se produire. Écrivez-les toutes. Pleurez un bon coup si besoin. Quand que vous avez terminé, glissez le papier dans un sac de congélation rempli d'eau et de sel, puis mettez celui-ci au congélateur. Ce faisant, imaginez que toutes ces possibilités se gèlent. Elles ne constituent plus des options. Cela ne signifie pas qu'elles ne vont pas se réaliser, mais simplement qu'elles ne vous tourneront plus dans la tête pendant que vous faites le plus difficile.

Ensuite, effectuez justement l'acte difficile. N'oubliez pas que vos anxiétés sont gelées chez vous.

Après avoir mené à bien votre tâche, sortez le sac du congélateur et emportez-le à l'extérieur. Rendez-vous près d'une surface dure, revêtez votre protection pour les yeux et anéantissez vos anxiétés à l'aide du marteau. Frappez jusqu'à ce qu'il ne reste plus que de minuscules morceaux. Recyclez le papier et partez victorieux.

L'anxiété et la peur sont importantes, mais pas nécessaires, et ce ne sont sûrement pas elles qui vont vous dicter comment vivre votre vie.

MAGIE POPULAIRE ET SUPERSTITIONS SUR LE THÈME DE L'AMOUR

Ajoutez un peu de miel à de la nourriture ou à une boisson pour des conversations plus douces.

Si du sel est renversé sur la table, une dispute entre les membres de la famille aura lieu avant la fin de la journée. Empêchez cette querelle d'avoir lieu en jetant un peu de sel par-dessus votre épaule gauche.

Ma grand-mère Virginia disait toujours de lever les pieds en passant par-dessus des rails en voiture, sans quoi on perdrait l'être qu'on aime. Je n'ai pas la moindre idée d'où vient cette tradition, mais je la respecte malgré tout. Juste au cas où.

De la cannelle répandue sur les seuils de portes et rebords de fenêtres apportera amour et santé à la maison.

La tourmaline tue la jalousie.

Du beurre en train de fondre signifie qu'il y a de l'amour dans la pièce.

Ayez recours à du sucre pour adoucir les relations.

n°12

Divination

La divination est la pratique qui consiste à regarder un peu plus loin vers l'avant afin de pouvoir prendre des décisions claires. Je mets toujours en garde contre le fait de planifier sa vie autour des cartes de tarot. Il faut continuer à se servir de son bon sens et prendre conscience que le libre arbitre existe et que la vie change assez rapidement. La divination est un outil. Elle est censée vous aider à prendre des décisions, pas en prendre à votre place. En gardant ceci en tête, c'est un outil *vraiment* cool. Vous pouvez recourir à des formes de divination pour aider vos amis ainsi que vous-même et pour vous éviter de sortir avec des idiots. La divination peut constituer une partie importante de la magie, en vous indiquant la bonne direction avant que vous ne commenciez vos sortilèges. Elle peut aussi vous aider à créer une chronologie pour les événements. Quand devrais-je commencer à chercher un nouvel emploi ? Combien de temps laisser à mon partenaire pour qu'il change son comportement ? Ce type de magie fonctionne mieux quand vous pouvez vous concentrer sur les moments où vous accomplissez le travail et ceux où vous attendez des résultats.

— LANCER DES AMULETTES —

En divination, on a toujours utilisé des amulettes. Oui, je pense que ça a été le cas depuis la nuit des temps. Les os ont fait partie des premières amulettes employées. Utilisez des plumes, des coquillages, des pierres ; tout ce que vous pouvez dénicher et à quoi vous pouvez trouver du sens. Nos ancêtres cherchaient à tirer du monde qui les entourait la raison comme la connaissance, et ils avaient décidé que telle pierre voulait dire que tout irait bien et que telle autre signifiait l'inverse. Pour être une amulette, un objet ne doit remplir que deux critères : être assez petit pour être lancé comme un dé afin de le lire, et avoir un sens à vos yeux.

J'ai commencé ma collection d'amulettes avec les *Magpie Oracle Charms* de Carrie Paris. Cette merveilleuse femme au sang de fée a créé plusieurs ensembles d'amulettes à utiliser pour des lectures générales : un pour des lectures Lenormand, un autre pour la médiumnité et un dernier pour le tarot. Ces kits sont parfaits pour commencer votre propre collection.

Pour ajouter des perles à votre collection, les boutiques de perles et les balades sont idéales. Vous pouvez avoir un kit d'amulettes constitué uniquement de coquillages, chacun ayant un sens différent pour vous. Vous pouvez collectionner les pierres, les bâtons ou les os. Je pense que la transformation de vos amulettes au fil du temps les rendra encore plus significatives à vos yeux. J'ai un assortiment de phalanges de yak qui m'avait été offert par mon ami Terry. J'y tiens énormément en raison de l'amitié dont il témoigne, de son âge, de tout l'amour qu'il a reçu et aussi parce que je m'en suis beaucoup servi. L'une des phalanges est particulièrement spéciale, parce que ma chienne l'a un peu mâchonnée. Merci beaucoup, Lucy.

Une fois que vous avez réuni vos amulettes, vous aurez besoin d'un sac ou d'une boîte où les ranger.

J'aime me servir de trousses de maquillage et de sacs à cordons coulissants. Il vous faut quelque chose de suffisamment gros pour y glisser la main et attraper une amulette sans voir de laquelle il s'agit. Faites attention à ranger les amulettes dans un lieu sûr et propre.

Tout d'abord, attribuez une signification assez large à chaque amulette. Je dis « large », parce qu'une amulette en forme de landau n'aura pas le même sens pour une femme de 45 ans, comme moi, qui ne peut plus avoir d'enfants, que pour quelqu'un qui désire fonder une famille. Pour moi, cette amulette pourrait signaler le commencement d'un nouveau livre ou l'achat d'une nouvelle maison.

Vous pouvez lancer vos amulettes sur un tissu divisé en plusieurs sections, chacune possédant sa propre signification. Vous pouvez remplacer ce tissu par une feuille sur laquelle vous dessinerez une grille. Moi, je n'ai recours ni à l'un ni à l'autre ; je préfère que la signification soit déterminée par la distance entre les amulettes ainsi que par leur orientation.

Il n'y a pas de limites aux questions que vous pouvez poser à vos amulettes. Généralement, je pose simplement celles qui me trottent dans la tête depuis un certain temps, ou bien je m'enquiers de quelque chose qui m'irrite beaucoup à ce moment-là.

Glissez la main dans votre sac et retirez-en autant d'amulettes que vous le souhaitez. Lâchez-les au-dessus de votre espace destiné au lancer des amulettes et voyez où elles tombent.

Prêtez attention à leur orientation. Sont-elles proches ou éloignées les unes des autres ? Est-ce que quand la règle se trouve près du landau, la signification de ces deux amulettes évolue ? Peut-être qu'elle vous indique que la précision est indispensable à votre nouveau commencement.

Je lis les amulettes comme une histoire. Je commence par celle qui est le plus près de moi et j'infère des relations entre les amulettes à proximité les unes des autres. Exemple :

Question : Sur quoi dois-je me concentrer en ce moment ?

Amulettes : tête de bouddha, assiette, livre

Histoire : Je dois me détendre et respirer, faire attention à manger sain, et faire quelque chose qui me rende heureuse.

Carrie m'a appris qu'on pouvait se servir de son sac à main ou de sa poche pour piocher des amulettes. Déterminez la signification de chaque élément et attribuez-lui un sens. Les clés veulent dire « oui », et le baume à lèvres « non ». Fouillez dans votre sac. Le premier objet que vous attrapez fournit la réponse à votre question. C'est une merveilleuse façon de faire de la divination en public sans être dérangé.

BIBLIOMANCIE

Je possède sept exemplaires du livre *Le Prophète* de Khalil Gibran. Franchement, je ne sais absolument pas pourquoi. J'ai commencé à les acheter un par un à des ventes de livres. Je n'ai jamais lu cet ouvrage de bout en bout, mais je m'en sers pour faire de la bibliomancie. Curieusement, je n'ai jamais utilisé un autre livre de cette façon.

La bibliomancie est une pratique qui consiste à utiliser un livre (souvent, la Bible) pour effectuer de la divination. Vous songez à une question (ou la posez à voix haute), vous ouvrez le livre au hasard et vous posez le doigt sur la page. Le passage sur lequel vous tombez donne la réponse à votre question. C'est indéniablement troublant.

Il y a peu, je passais une journée nulle, qui n'était en réalité qu'un mauvais quart d'heure que j'avais laissé gâcher ma journée parfaitement normale. J'ai attrapé *Le Prophète* et j'ai atterri sur ce passage : « Vous priez dans votre détresse et dans la nécessité ; je voudrais que vous puissiez prier également dans la plénitude de votre joie et dans vos jours d'abondance[25]. »

Soudain, j'étais comme à l'extérieur de mon corps, à observer la situation. J'ai une maison que j'adore, des enfants en bonne santé et un mari merveilleux. J'avais passé vingt minutes pourries et perdu toute perspective sur ma vie. J'ai pu me réaligner sur ce qui

25 Gibran (Khalil), *Le Prophète*, trad. Antoine Ghattas Karam, Éditions Thierry Magnier, Paris, 2017, 125 p.

se passait réellement, je me suis calmée et reconcentrée sur ce que je faisais. Et ma journée s'est améliorée.

La bibliomancie est utile quand vous avez besoin d'une réponse dans l'immédiat ou que vous avez déjà essayé d'autres formes de divination qui n'ont pas porté leurs fruits. Parfois, il est bénéfique de laisser l'univers parler et de l'écouter.

PENDULES

Il y a tant de façons d'utiliser un pendule. Vous pouvez en acheter un en cristal ou en pierre (référez-vous à la liste des propriétés des pierres, page 119). J'aime utiliser du jais (super ancrant) et de la labradorite (qui améliore l'énergie psychique). Ces pierres peuvent être un peu onéreuses, alors si vous ne pouvez actuellement pas vous les permettre, une bague suspendue au bout d'une ficelle ou un collier à pendentif feront l'affaire. La pratique de la divination à l'aide d'un pendule se nomme « pallomancie ».

Vous pouvez à la rigueur utiliser vos écouteurs. Assurez-vous seulement de tenir le fil de manière à ce qu'il puisse se balancer librement. Quand je suis en terrain moldu, je préfère me servir de mes écouteurs. Ça fait beaucoup moins bizarre de laisser pendre un écouteur que de balancer un morceau de quartz rose au bout d'une ficelle que vous tenez par une fée en étain attachée à son autre extrémité.

Pour effectuer de la pallomancie, rendez-vous dans votre espace calme et sacré si vous le pouvez. Si vous êtes en public, essayez de trouver un lieu tranquille.

Calmez votre esprit. Concentrez-vous sur une question à laquelle on peut répondre par « oui » ou par « non ». Tenez lâchement le pendule.

Demandez au pendule (à voix haute ou dans votre tête) : « Montre-moi mon “oui”. » Généralement, le pendule va se balancer d'avant en arrière. Ensuite, dites-lui, « Montre-moi mon “non”. », et il se balancera de gauche à droite.

Maintenant, vous pouvez poser vos questions. Celles auxquelles on peut répondre par « oui » ou « non » sont celles qui fonctionnent le mieux ; un balancement diagonal signifiera alors « peut-être ».

Vous pouvez vous servir de la magie de pendule pour demander n'importe quoi. Est-ce que je vais finir le travail de bonne heure, aujourd'hui ? Est-ce que cette fille m'aime bien ? Est-ce que cette fille m'aime tout court ?

J'aime commencer par poser quelques questions pour m'assurer que le pendule collabore avec moi ce jour-là : « Est-ce que je m'appelle Melissa ? » ; « Est-ce que je suis fabuleuse ? »… Seulement des faits dont vous êtes certain !

Il y a plusieurs éléments dont vous devriez vous méfier. N'abusez pas de cette méthode. Cela peut être très tentant de poser sans arrêt la même question jusqu'à obtenir la réponse désirée. Cela ne fait toutefois que susciter de l'anxiété et vous enfermer dans un cercle vicieux.

En outre, certaines personnes ne peuvent pas se servir de pendules. Mon mari est une véritable zone blanche en ce qui les concerne. Ils se balancent pour moi et toutes les autres personnes présentes dans la pièce, mais dès qu'il les touche, ils s'arrêtent net. Plus le moindre mouvement. Très étrange.

Vous pouvez aussi vous servir de pendules pour localiser les objets, un peu comme les sourciers avec leur baguette. Vous pouvez dessiner un plan de la zone où vous avez perdu l'objet et déplacer lentement le pendule au-dessus. Quand il commence à s'agiter, dessinez un deuxième plan zoomant sur la partie qui a fait s'agiter votre pendule. En continuant ainsi, vous pouvez réduire une recherche de la maison complète à seulement l'étage, puis au salon et enfin au canapé. C'est remarquablement exact.

DIVINATION AU HASARD

Essayez une forme de divination polonaise. Soufflez une bougie trois fois. De la fumée s'élevant tout droit prédit une bonne santé pour l'année à venir. Si la fumée danse, elle annonce la maladie ou la mort.

Si un balai tombe, cela signifie que de la compagnie va arriver.

AUTOGRAPHIE

Il y a une forme de divination nommée « autographie » ou « écriture automatique ». Vous pouvez en faire avec un stylo et du papier, tout simplement. Mon hypothèse est que ce sont mes guides qui répondent aux questions que je pose. Cependant, c'est difficile à dire, alors si la communication avec les esprits vous met mal à l'aise, mieux vaut peut-être que vous évitiez cette pratique.

Dans un état d'esprit détendu, posez une question, soit dans votre tête soit à voix haute. Vous pouvez vous mettre à dessiner des boucles ou des lignes sur le papier, puis vous laisser entraîner par l'écriture. Parmi vos gribouillis, vous devriez voir quelques mots nets qui répondent à votre question. Essayez de lâcher vraiment prise et de vous laisser emporter par le processus d'écriture automatique. Cela demande de l'entraînement, parce que nous sommes habitués à avoir le contrôle total de nos mains. Cette pratique peut cependant offrir des réponses assez claires à des questions pressantes, alors je vous encourage à vous entraîner.

SCRYING ET BOULES DE CRISTAL

Le *scrying* est l'acte de divination par lequel vous recherchez une vision en plongeant votre regard dans un objet. Vous pouvez faire du *scrying* sur n'importe quelle surface réfléchissante, telle qu'un bol rempli d'eau, un miroir ou un morceau de verre, une pierre de *scrying* (trouvée dans une boutique New Age) ou bien une boule de cristal.

Je préfère me servir de boules de cristal et de bougies. Encore une fois, cela nécessite de l'entraînement. Entrer dans le bon état d'esprit pour faire du *scrying* est une pratique méditative, et vous n'en tirerez pas grand-chose la première fois.

Allumez une petite bougie (votive ou chauffe-plats) et placez-la de l'autre côté de votre boule de cristal. Vous verrez la flamme au centre de la boule de cristal, à l'envers. Asseyez-vous confortablement et détendez vos yeux de manière à ce que la flamme semble un peu trouble. Vous pouvez demander (verbalement ou dans votre tête) des signes ou des symboles, ou rester immobile et vous contenter de voir ce que l'univers veut que vous sachiez. Je garde toujours un calepin sur moi parce que, pour une raison que j'ignore, quand je vois quelque chose, cela me sort ensuite de l'esprit. Ce sont des pensées et idées hyper passagères.

Faites très attention à ranger votre boule de cristal à l'abri de la lumière du soleil. Pas pour une quelconque raison ésotérique, mais parce que si les rayons du soleil l'atteignent et s'y reflètent d'une certaine manière, vous pouvez faire flamber votre maison. En plus, si vous l'enveloppez dans un tissu, vous pourrez la révéler très théâtralement, ce qui vous accordera des points bonus de sorcellerie !

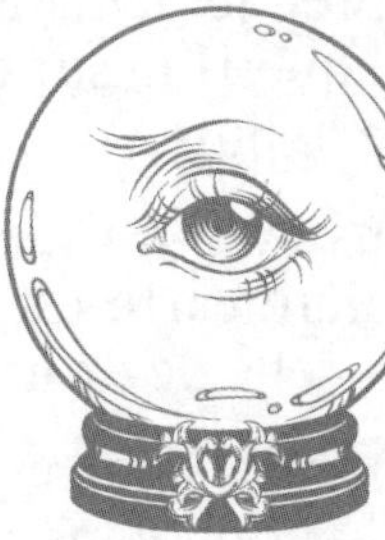

TAROT

Les cartes de tarot sont un outil bien commode qui peut vous servir à jeter un œil au futur. Également appelée « cartomancie », cette méthode de divination a été créée au XIVe siècle. Chaque jeu contient 78 cartes, réparties en arcanes majeurs et arcanes mineurs. Les arcanes majeurs consistent en 22 cartes, et les arcanes mineurs, en 56 cartes classées en 4 suites : bâtons, coupes, deniers et épées. Chaque suite contient 14 cartes numérotées de 1 à 10, valet, cavalier, dame et roi.

Ces cartes vous aident à focaliser votre intuition. Une fois encore, comme pour le pendule, ce n'est qu'un outil. C'est en vous que repose toute la magie. Je vais vous donner une petite leçon de tarot à l'arrache, mais si les cartes vous intéressent, il existe de fantastiques livres de tarot (comme ça, au hasard… pourquoi pas *Kitchen Table Tarot* ?).

Commencez par choisir un jeu de cartes que vous pouvez comprendre et exploiter. Songez à votre question (les questions auxquelles on peut répondre par « oui » ou « non » ne sont pas idéales au tarot). Pendant que vous réfléchissez, mélangez les cartes jusqu'à vous sentir prêt. Je demande toujours à mes clients de poser une question sur ce qui les inquiète ou les enthousiasme le plus.

Une fois que vous avez fini de battre les cartes, coupez-les. La première carte est le passé, celle du milieu, le présent, et celle de droite, le futur.

Après avoir disposé les cartes, vous pouvez en chercher les significations dans un livre. Pour les lectures à trois cartes, je vous conseille de laisser les cartes vous raconter une histoire.

Tirage à trois cartes

Question : Devrais-je conserver mon emploi actuel ?

Cartes : Roi d'Épée, Valet de Coupe, Tempérance

Votre patron est du genre implacable, mais votre rôle est d'apporter réconfort et calme au bureau. Si vous parvenez à maintenir votre équilibre et à ne pas prendre à cœur sa sévérité, ça devrait aller comme sur des roulettes.

Signification des cartes de tarot

0. ***Le Fou*** : je vais.
1. ***Le Bateleur*** : je fais.
2. ***La Grande Prêtresse*** : je sais.
3. ***L'Impératrice*** : j'aime.
4. ***L'Empereur*** : je dirige.
5. ***L'Hiérophante*** : je déverrouille.
6. ***L'Amoureux*** : je me concentre.
7. ***Le Chariot*** : je mène.
8. ***La Justice*** : j'équilibre.
9. ***L'Ermite*** : je pense.
10. ***La Roue de fortune*** : je change.
11. ***La Force*** : je suis gracieux.
12. ***Le Pendu*** : je lâche prise.
13. ***La Mort*** : je suis las.
14. ***Tempérance*** : j'équilibre.

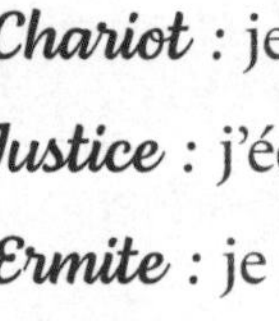

15. *Le Diable* : je choisis.

16. *La Maison Dieu* : je reconstruis.

17. *L'Étoile* : j'espère.

18. *La Lune* : je me méfie.

19. *Le Soleil* : je suis heureux.

20. *Le Jugement* : je vois.

21. *Le Monde* : je me transforme.

Les Arcanes Mineurs

LES AS : L'ESSENCE

Les as sont le noyau même des suites. J'ai entendu des gens appeler des animaux-totems « Ours » ou « Renard », les majuscules mettant en avant l'idée que le Renard est l'essence de ce que signifie être un renard. C'est la vision d'ensemble de ce qu'implique le Renard : ses traits, ses inclinations, tout. C'est une généralisation de ce qu'est le Renard, mais cela brosse le tableau complet de l'entité spécifique que vous désignez.

Les as sont très similaires à cela, et ils sont le noyau de chaque suite : le cerveau des épées, le cœur des coupes, l'ossature des bâtons et la racine des deniers. Le jeu traditionnel, le tarot Rider-Waite-Smith, me fait toujours penser au Monty Python, donc je m'en souviens grâce à l'exagération naturelle des outils. La Main de Dieu vous apporte le bâton ou la coupe, vous la tend librement. Les as représentent le cœur pur et condensé de ce qu'englobe leur suite.

LES DEUX : SE RASSEMBLER

Les Deux ont pour thème des plans commençant à se dessiner. Le Deux de Bâton montre des projets s'esquissant avant l'action du Trois. Le Deux de Coupe montre deux personnes devenant un couple. Le Deux d'Épée représente les pensées claires et les idées prenant forme, et le Deux de Denier montre quelqu'un qui jongle avec toutes ses responsabilités tandis que ses projets se développent et prennent joliment vie.

LES TROIS : VOYAGE

Les Trois représentent un voyage, qu'il soit émotionnel, physique ou intellectuel. Ce qui est certain pour chacun des quatre Trois, c'est qu'un changement arrive. L'Impératrice est la troisième carte des arcanes majeurs. Elle porte sur l'authenticité et la détente. Cette association peut vous aider à réfléchir aux Trois des arcanes mineurs. Ces cartes parlent de trouver son rythme et de percer le cœur du problème, quelle que soit la douleur ou l'exaltation qui en résulte.

LES QUATRE : REPOS

Dans chacun des Quatre, il y a un temps de paix ; de grâce, à vrai dire. Il y a la conscience de vos biens et de votre environnement chez les deniers, la clarté d'esprit chez les épées, le souffle avant la célébration chez les bâtons, et enfin la fatigue et l'ennui chez les coupes. C'est une impression de laisser tomber ses défenses et de s'abandonner à l'instant présent. L'essentiel du tarot est tourné vers le futur, mais les Quatre, eux, sont présents.

LES CINQ : ACTION ACCRUE

Après l'inertie des Quatre, on se remet en condition. Les deniers représentent le rétablissement, les coupes le regret, les épées la revanche, et les bâtons la révolte. Les Cinq portent sur l'agitation et le fait d'être prêt. Ces cartes sont difficiles. Pas besoin de les enjoliver pour vos clients ; vous devez leur dire franchement ce qui se passe. Avec les Cinq, vous pouvez être optimiste et tourner votre regard vers la prochaine étape, mais vous ne pouvez pas avancer tant que vous n'avez pas géré l'agitation et le bouleversement actuels.

LES SIX : RECONNAISSANCE

Nous observons les lauriers qui ornent le Six de Bâton, puis la charité présente chez les deniers. Nous comprenons que nous devons avancer vers la sécurité selon les épées, et que les coupes nous demandent de retrouver l'innocence. Les Six portent sur la reconnaissance. Qu'il s'agisse d'être reconnu pour vos réussites, de comprendre quelle est votre place dans le monde, de transformer la personne que vous étiez hier en celle que vous êtes aujourd'hui, ou de trouver un nouveau foyer, les Six veulent que vous soyez conscient d'où vous vous trouvez, de ce qui vous entoure et de ce que vous devez faire ensuite. Ce sont des cartes tournées vers le présent.

LES SEPT : CONFLIT

Avec les Sept, il y a conflit. Cela va d'idéaux et de morales aux disputes, conflits et à la frustration. Les Sept ne sont pas des cartes sympathiques, surtout si vous êtes impatient. Chacun des Sept déclare que vous n'aurez pas tout de suite ce que vous désirez. Peu importe depuis combien de temps vous l'attendez ou à quel point votre vœu semble près de se réaliser. Ce qui compte, c'est la raison pour laquelle vous le souhaitez et les efforts que vous êtes prêt à fournir pour y parvenir.

LES HUIT : ESPOIR

Les Huit sont plutôt intéressants. Les deniers parlent de travailler dur et d'investir en soi-même pour un futur meilleur, tout comme les bâtons, car ceux-ci vous disent de choisir le meilleur chemin et de vous y jeter corps et âme. Les coupes et épées sont cependant moins réjouissantes. Alors que les deux premiers sont plein d'espoir et de détermination, les deux suivantes arrivent juste avant que l'espoir ne se naisse. Il y a encore de la confusion, de l'incertitude, mais la personne est sur le point de voir cette étincelle. Une nouvelle fois, si nous envisageons les cartes de tarot comme potentiellement cinétiques, nous regardons ce qui se déroule réellement dans la lecture. Le moment où vous tendez la main pour qu'on vous aide à vous relever. Celui où vous décidez qu'il est temps de partir, que cela génère ou non de la douleur. Ce sont les moments qui nous redonnent le moral.

LES NEUF : BOURGEONNEMENT

Les Neuf ont pour thème l'acquisition de la maturité. Même le Neuf d'Épée, le plus direct des Neuf, porte sur la conscience. Avoir conscience de quelque chose n'est pas toujours agréable. Cela peut vous faire voir que votre famille bien-aimée est composée de personnes intolérantes ou que votre vie maritale n'est pas toujours une vie de couple. Chez les coupes, la prise de conscience est utile pour apprécier ce que l'on possède, et, chez les deniers, pour jouir de sa récolte. Les bâtons vous font ouvrir les yeux sur les défis qui se présentent à votre noyau moral. Quand vous grandissez, vos valeurs changent, ainsi que votre perception des choses. Il est important de grandir en même temps que ces changements, sans quoi l'on s'attire des ennuis. Les Neuf portent essentiellement sur la prise de conscience du monde qui nous entoure, du présent. C'est quelque chose de merveilleux.

LES DIX : EXCÈS

Les Dix sont tout bonnement exagérés. Excessifs. Pendant combien de temps peut-on bien fixer un arc-en-ciel et agiter la main dans sa direction ? Qu'est-ce qui se passe ensuite ? Ces derniers temps, j'ai beaucoup réfléchi à l'autodifférenciation. Mon pasteur a fait un excellent sermon à ce sujet, et depuis, ça me trotte dans la tête. Après la messe, mon amie Susan m'a demandé de lui dire « quelque chose sur le tarot » et j'ai lâché « Les Dix ! Les Dix portent sur le fait de ne pas s'autodifférencier et de trimballer les bêtises et les histoires des autres… » et ensuite, je pense que mes yeux se sont perdus dans le vague et que je me suis mise à marmonner toute seule.

On peut être empathique sans porter en soi la tragédie d'autrui. On peut faire preuve de compassion sans traîner avec soi la douleur des autres. On peut décevoir les gens parce qu'on se comporte de telle ou telle manière, et accepter cette désillusion. On peut apprendre à écouter l'anxiété de quelqu'un d'autre sans être soi-même inquiet, et on peut tout à fait entendre « Ce n'est pas toi, c'est moi », et le croire.

Alors oui, les Dix sont excessifs, Mais, ils constituent bien plus que ce dont on a besoin, ça c'est sûr.

VALETS : LE ÇA

Les Valets sont les néophytes des figures. Ils sont en plein apprentissage et exploration, et il y a de fortes chances qu'ils fassent tomber leurs outils en chemin vers la souveraineté. Toutefois, ce n'est pas grave. C'est ce qu'on est censé faire quand on apprend. Onregarde les autres ; on adopte leurs habitudes, puis on se les approprie. Les valets se cherchent. Ils essaient de déterminer comment évoluer ici-bas et ils feront souvent des erreurs, comme nous tous.

CAVALIERS : LE MOI

Les Cavaliers ont accompli la moitié du chemin qui mène à la souveraineté. Ils sont arrogants, ont une pêche d'enfer et ne se soucient pas outre mesure des besoins d'autrui ou de leurs attentes à leur sujet. Les Cavaliers sont concentrés sur leur tâche et sur eux-mêmes et ils font avancer les choses. Les détails demeurent souvent en suspens et parfois complètement ignorés. Les Cavaliers sont en voie de devenir des rois, mais ne sont pas encore tout à fait arrivés au bout du chemin.

ROIS : LE SURMOI

Les Rois sont instruits, ils ont raison, et ils sont convaincus de ce dernier fait. Ils sont passés par toutes les étapes de l'apprentissage et se sont confortablement installés dans leur richesse d'informations. Ni vos désirs, vos besoins ou vos inquiétudes ne les feront bouger, sauf s'ils affectent l'intérêt général. Ce dernier est subjectif et dépend des objectifs des Rois. C'est exaspérant, mais important. Il faut bien que quelqu'un prenne ces décisions. Il faut bien que quelqu'un ait raison.

REINES : LE CŒUR

Les Reines sont le centre émotionnel tout mou du tarot. Elles sont le cœur, les sentiments et la base émotionnelle des figures. Elles peuvent être froides ou investies, en retrait ou représenter un soutien. En gros, si vous pensez à chaque cliché encapsulé dans le mot « mère »; eh bien, voilà les Reines. Leurs éléments vous aideront à voir comment elles vont interagir avec vous et quel sens les cartes auront dans votre lecture. Reine de Coupe ? Amour et soutien. Reine d'Épée ? Œil et approche critiques.

Purifier les cartes

Après avoir été quelque peu utilisées, vos cartes seront énergétiquement sales. Vous pouvez réinitialiser leur énergie de plusieurs façons :

- Triez les cartes et mettez chaque suite dans l'ordre, puis classez également les arcanes majeurs.
- Servez-vous d'encens ou de sauge pour nettoyer les cartes avec de la fumée.
- Accordez-leur une pause. Mettez-les sur votre autel avec un cristal ou une pierre par-dessus. La sélénite s'y prête parfaitement.
- Tapez trois fois sur le dessus de la pile avec vos phalanges.

MAGIE POPULAIRE ET SUPERSTITIONS : LA DIVINATION, UN TRUC DE PIAFS

Les corbeaux apportent les nouvelles du quartier. Si vous leur laissez des cacahuètes non salées dehors, ils pourraient aussi vous apporter des cadeaux.

Un couple de cardinals dans un arbre de votre propriété signifie que votre maison est saine et aimante.

La présence de cardinals peut également annoncer qu'un proche disparu va vous rendre visite.

La présence de geais bleus dans le jardin est signe de disputes entre les occupants de la maison. Les geais bleus sont de manière générale les abrutis du monde aviaire, donc ça colle.

Les faucons apportent les messages du monde des esprits. Si un proche disparu fait irruption dans vos pensées quand vous remarquez cet oiseau, cette personne est avec vous.

Si vous voyez un oiseau dans votre maison, cela veut dire que l'amour va s'enfuir à tire-d'aile.

Si vous trouvez une bonne place de parking, vous passerez une bonne virée shopping. Si vous ne trouvez pas de place, dites « Plume noire, plume noire, aide-nous à nous poser, s'il te plaît. » Vous en trouverez une en quelques minutes. N'oubliez pas de dire merci.

Voir un héron est annonciateur de chance.

Voir des coquilles d'œufs par terre est symbole de changement imminent pour vous.

Compter les pies et les corbeaux est une vieille forme de divination. Quand vous en voyez rassemblés, comptez-les ; en voici la signification :

Un pour la peine

Deux pour la joie

Trois pour une fille

Quatre pour un garçon
Cinq pour l'argent
Six pour l'or
Sept pour un secret
Qu'on ne révélerait qu'à tort
Huit pour un souhait
Neuf pour un baiser
Dix pour un oiseau
Que vous ne devez point manquer

Conclusion

Et maintenant, que faire ? Vous avez une poignée de sortilèges et quelques lignes directrices pour votre vie magique, vos outils magiques ainsi que pour votre « vous » magique. La prochaine étape est soit de créer votre propre pratique magique, soit de partir à la rencontre d'une communauté pour continuer à peaufiner et à agrandir votre monde magique. Lisez davantage de livres. Trouvez une manière de relier la magie que vous avez apprise à votre spiritualité. Entraînez-vous. Tenez un journal sur ce qui fonctionne et ce qui ne fonctionne pas.

Vous n'avez pas besoin d'aller à la rencontre des autres pour créer une communauté magique si vous ne le souhaitez pas. Ma magie est restée privée pendant l'essentiel de ma vie. Quand je me réunis avec d'autres sorcières, c'est parce que je leur fais implicitement confiance. J'ai passé du temps avec elles et je les connais en tant que personnes. Si je sais que quelqu'un a une bonne éthique et une boussole morale orientée dans la même direction que la mienne, j'accepterai de faire de la magie avec cette personne. Ne confiez pas votre cœur trop facilement. N'oubliez pas que les gens doivent gagner votre confiance.

Dans votre vie, vous avez rencontré la magie une centaine de fois, de cent façons différentes. Vous avez ressenti ses effets, et votre corps, votre esprit et votre âme ont été conscients de son énergie. J'espère que ce livre vous aidera à assumer la magie que vous possédez et à puiser dans celle qui vous entoure. Il existe tant de livres merveilleux sur la magie que j'étais un peu intimidée par ce projet. J'ai été encouragée par le fait que la plupart ne vous apportent pas de magie sans religion. Je ne veux pas que quiconque soit écarté de la magie. C'est notre droit inaliénable.

J'ai écrit ce livre pour la même raison que j'ai écrit *Kitchen Table Tarot* ; que les gens arrêtent de se sentir intimidés face à des outils et des traditions qui peuvent améliorer leur vie. La magie vous rendra puissant et le tarot est un outil fabuleux pour vous aider à réussir dans la vie. Ces raisons ont suffi pour que certaines personnes rendent ces pratiques « secrètes » ou « sacrées », les mettant ainsi hors de votre portée. Ne laissez personne limiter votre accès à ce qui vous appartient déjà. Ma magie a toujours été personnelle et privée, partagée uniquement avec mes proches. Maintenant, c'est fini ! Sortons ensemble du placard à balais.

Vous pouvez aussi vous contenter d'entrer en contact avec d'autres membres de la communauté magique sur Internet. Il n'y a aucune raison de risquer de perdre votre emploi, vos amis ou votre famille. Vous n'avez pas non plus à partager vos pratiques personnelles si cela vous met mal à l'aise. Prenez un pseudo, comme « Carmen Ducorbeau », et partez à la rencontre d'autres personnes pour en apprendre davantage sur la magie sans vous jeter dans des eaux anxiogènes.

Ces dons vous appartiennent tout autant que votre audition, votre vue ou votre goût. Vous êtes libre d'utiliser votre magie comme bon vous semble. J'espère que vous en tirerez autant de joie que moi. Depuis que j'ai traîné la magie hors du placard et que je l'ai mise au centre de ma vie, je me sens plus calme, plus aux commandes, et moins susceptible de craindre tout ce qui peut m'être envoyé.

Souvenez-vous que votre magie vous appartient et qu'elle peut se manifester de la manière que vous désirez. Vous pouvez l'associer à votre tradition spirituelle afin de forger une relation plus proche à votre notion de déité, ou bien l'inclure dans votre militantisme politique. Vous pouvez vous servir de la magie pour améliorer votre vie sexuelle ou pour devenir un meilleur partenaire ou ami.

J'espère que laisser éclater au grand jour votre magie vous conférera une impression de plus grand pouvoir. Parfois, j'oublie que je suis une sorcière. Tout va de travers puis, dans un moment de tristesse, je me souviens de mes outils. Je peux écrire une pétition à l'univers. Je peux méditer, allumer une bougie. Je peux décider de la forme de ma vie et la pousser dans la bonne direction. Je peux apporter de la clarté à mes problèmes avec la lumière d'une bougie.

J'espère que vous aurez la même sensation et que votre magie se propagera et épousera la forme de votre vie ainsi que son sens. Appropriez-la-vous. Prenez ces graines que je vous tends et allez bâtir un jardin de merveilles qui déchire tout.

Bises,

Melissa

Liste DE LECTURES RECOMMANDÉES

MAGIE

Herstik (Gabriela), *Inner Witch: a modern guide to the ancient craft*, TarcherPerigee, New York, 2018, 283 p.

Echols (Damien), *High Magick: a Guide to the Spiritual Practices That Saved My Life on Death Row*, 216 p.

Wachter (Aidan), *Six Ways: approaches & entries for practical magic*, Red Temple Press, Nouveau-Mexique, 2018, 167 p.

Saussy (Briana), *Making Magic : Weaving Together the Everyday and the Extraordinary*, Sounds True Inc, Boulder, 2019, 224 p.

TAROT

Tous les ouvrages de Mary K. Greer et Rachel Pollack.

Snow (Cassandra), Maiden (Beth), *Queering the tarot*, Weiser Books, 2019, 205 p.

Weber (Courtney), *Tarot for One the Art of Reading for Yourself*, Red Wheel Weiser, 2016, 247 p.

Worth (Liz), *Going Beyond the Little White Book: A Contemporary Guide to Tarot*, Lulu Publishing Services, 2016, 354 p.

Elford (Jaymi), *Tarot Inspired Life*, Llewellyn, 2019.

ASTROLOGIE

REED (Theresa), *Astrology for Real Life: a Workbook for Beginners (a No B.S. Guide for the Astro-Curious)*, Red Wheel Weiser, 2019, 290 p.

WOODS (Mecca), *Astrology for Happiness and Success: From Aries to Pisces, Create the Life You Want--Based on Your Astrological Sign!*, Adams Media, 2019, 224 p.

ALEXANDER (Skye), *Magickal Astrology*: *use the power of the planets to create an enchanted life*, Red Wheel Weiser, 2021.

NICHOLAS (Chani), *You Were Born for This: Astrology for Radical Self-Acceptance*, HarperOne, New York, 2021, 287 p.

Bibliographie

ADLER (Margot), *Drawing Down the Moon: witches, druids, goddess-worshippers, and other pagans in America today*, Viking Press, New York, 1979, 595 p.

Bible de John Nelson Darby, 1890.

MARGI (B.), « Polish Folk Magic », *Letters of Lilith*, 2003. http://lilithgate.atspace.org/articles/magic.html

BOWES (Sue), *Woman's Magic: rituals, meditations, and magical ways to enrich your life*, Weiser Books, Newburyport, 1999, 170 p.

CANTRELL (Gary), *Wiccan Beliefs & Practices : with rituals for solitaries & covens*, Llewellyn Publications, St. Paul, 2001, 312 p.

CARNEY (Dana R.), CUDDY (Amy J. C.), et WAP (Andy J.), « Power Posing: Brief Nonverbal Displays Affect Neuroendocrine Levels and Risk Tolerance », in *Psychological Science* 21, n° 10, 2010.

DOTY (James), CHAMBON (Perrine), BAIGNOT (Arnaud), RICARD (Matthieu), *La Fabrique des miracles : la quête d'un neurochirurgien pour percer les mystères du cerveau et les secrets du cœur*, Flammarion, Paris, 2017, 278 p.

FOGG (Kiera), *Le Pouvoir des grilles de cristaux : associez pouvoir des cristaux et géométrie sacrée pour guérir, protéger et inspirer*, Marabout, Paris, 2018, 128 p.

GIBRAN (Khalil), *Le Prophète*, Éditions Thierry Magnier, trad. Antoine Ghattas Karam, Paris, 2017, 125 p.

GLADWELL (Malcolm), *La Force de l'intuition : prendre la bonne décision en deux secondes*, trad. Danielle Charron, Robert Laffont, Paris, 2006.

HODOROWICZ KNAB (Sophie), *Polish Customs, Traditions, and Folklore*, Hippocrene Books, New York, 1993, 335 p.

HUBBARD (Bethany), « Your Bacterial 'Aura' Follows You from Place to Place », in *Discover*, 28 août 2014.

JACKOWSKI (Karol), *Sister Karol's Book of Spells, Blessings, and Folk Magic*, Weiser Books, Newburyport, 2019, 274 p.

MANGAN (James Clarence), « St. Patrick's Hymn before Tarah », *Library of the World's Best Literature*, vol. 17, lignes 39–51, The International Society, New York, 1897.

MCCABE (Ian), *Carl Jung and Alcoholics Anonymous: the twelve steps as a spiritual journey of individuation*, Routledge, Londres, 2015.

MCCAMMON (Robert), *Le Mystère du lac*, trad. Stéphane Carn, Albin Michel, Paris, 1993.

MCKECHNIE (Sam) et PORTELLI (Alexandrine), *The Magpie & the Wardrobe: A Curiosity of Folklore, Magic & Spells*, Pavilion Books, London, 2015.

NEMETH (Maria), *Libérer l'énergie de l'argent : ami ou ennemi, lui donner un sens*, trad. Marie-France Muller, Éditions Jouvence, Archamps, 2002, 319 p.

ROBBINS (Tom), *Même les cow-girls ont du vague à l'âme*, trad Philippe Mikriammos, Gallmeister, Paris, 2010.

SAUSSY (Briana), « How to Make a Honey Jar (with Pictures!!!) », *BrianaSaussy.com*, 15 juillet 2013. https://brianasaussy.com/how-to-make-a-honey-jar-with-pictures

SCHUR (Michael), « Sweet Sixteen » [Saison 4, épisode 16], *Parks and Recreation*, NBC, 2012.

SCOTT (Sabrina), *Witchbody*, Weiser Books, Newburyport, 2019.

STARHAWK, *Truth or Dare: Encounters with Power, Authority, and Mystery*, HarperCollins, New York, 1987, 370 p.

WACHTER (Aidan), *Six Ways: approaches & entries for practical magic*, Red Temple Press, Nouveau-Mexique, 2018, 167 p.

WHITE (Gregory Lee), *The Use of Magical Oils in Hoodoo, Prayer, and Spellwork*, White Willow Books, Nashville, 2017, 112 p.

AVEZ-VOUS AIMÉ PARLONS MAGIE ?

Si vous avez apprécié ce livre, nous aimerions vous demander une petite faveur en retour. L'écriture d'un ouvrage représente des mois d'écriture et souvent de longues années de travail en amont pour acquérir les connaissances nécessaires. C'est pourquoi, si vous le voulez bien, nous vous serions reconnaissants de prendre quelques minutes pour parler de ce livre autour de vous, à vos amis, à vos libraires, sur les forums, blogs, sites web, pages, réseaux sociaux, etc., mais aussi pour laisser un avis sur les sites de vente en ligne.

Vos commentaires participent beaucoup à la visibilité du travail de nos auteurs, mais les aident (et nous aident) aussi à mieux cerner vos attentes, à apporter des améliorations à leur travail et à écrire des ouvrages sur d'autres sujets qui pourraient vous intéresser.

Un livre ne vit et n'existe que lorsqu'il se partage et devient accessible à d'autres. Or, cela ne peut se faire que s'ils en entendent parler. Voilà pourquoi votre participation est aussi importante, et pourquoi nous nous en remettons à vous.

100 QUESTIONS POUR BIEN DÉBUTER EN MAGIE

AUTEUR : Sébastien G.A. Le Maôut

La pratique magique recèle bien des secrets qu'il est difficile de percer lorsque l'on cherche à faire ses premiers pas. C'est de ce constat qu'est né 100 questions pour bien débuter en magie.

Plus qu'un livre d'apprentissage, c'est un manuel pédagogique qui vous propose de vous prodiguer des enseignements sans dogmatisme, de vous entraîner et de suivre vos progrès par le biais d'évaluations. Offrir un carnet de route balisée permettant au néophyte d'avoir toutes les clés en main pour appréhender au mieux les différentes informations glanées çà et là, tel est donc l'objectif de cet ouvrage.

Un compagnon de route qui vous suivra tout au long de votre cheminement spirituel grâce à une formation novatrice en 5 séquences, composées chacune de 20 leçons courtes sous forme de questions, et répondant aux interrogations que tout débutant se pose. Un must have !

Broché 148 x 210 - Illustrations N&B - 250 p

LA VOIE DU MAGE

AUTEUR : Arnaud Thuly

Grâce à cet enseignement éminemment pratique destiné à tous ceux qui souhaitent correctement arpenter les sentiers magiques, Arnaud Thuly vient combler un manque flagrant de la littérature ésotérique moderne, en nous confiant les clés d'une pratique saine de la magie sous toutes ses formes.

Bien que populaire et de plus en plus répandue, la pratique magique reste bien souvent incomprise et assimilée à l'imaginaire de la littérature fantastique. Nombreux sont ceux qui, alléchés par les multiples possibilités offertes par la magie (faire revenir l'être aimé, attirer la chance, etc.), sont tentés de se lancer dans ce domaine sans prendre ni la peine ni le temps d'acquérir les compétences nécessaires à la bonne réussite de leurs objectifs, tout en négligeant les risques qu'ils encourent à occulter cet apprentissage. Comme le disait si bien Jean de la Fontaine, rien ne sert de courir, il faut partir à point. C'est donc ce à quoi Arnaud Thuly nous exhorte dans *La Voie du Mage.*

Fruit de plus de dix ans d'expérience, cet ouvrage vous guidera pas à pas dans l'entraînement préalable, essentiel pour accéder à une pratique magique et rituelle lucide, maîtrisée et efficace, grâce à des méthodes et des exercices inédits visant à développer l'équilibre entre le corps et l'esprit nécessaire à une pleine maîtrise des facultés latentes propres à chacun.

Cet ouvrage construit en cinq niveaux, unique en son genre par son approche non dogmatique mais résolument didactique et novatrice, vous accompagnera à votre rythme dans la période préliminaire allant de vos premiers pas sur ce nouveau chemin à votre accomplissement en tant que mage.

Broché 148 x 210 mm - Illustrations N&B - 308 p.

AGENDA DE PAROLE DE SORCIÈRE 2022

AUTEUR : Parole de Sorcière (Véronique Arnaud)

La vie est tellement plus jolie saupoudrée d'un soupçon de magie !

Et si vous commenciez l'année en étant bien organisé ? Vous rêviez d'un agenda qui vous suive dans votre vie de tous les jours, le tout saupoudré d'un soupçon de magie ? Cet agenda de sorcière est fait pour vous !

Semainiers, phases lunaires et secrets de sorcières, tout est là pour organiser votre année sans rien oublier !

Laissez-vous enchanter par cet agenda à personnaliser, haut en couleur et riche en savoirs !

Devenez la Sorcière que vous aviez toujours rêvé d'être, ne perdez plus vos notes et planifiez enfin toutes vos activités !

Relié 170 x 240 mm - Illustrations couleur - 332 p.

CRÉDITS

Les illustrations de cet ouvrage proviennent de l'ouvrage original, à l'exception des suivantes :

iStock :

AF-studio, aleksandarvelasevic, DenPotisev, kate_sun, Panuwach, Chuhail, Pimpay, StoHelit, Pimpay, VeraPetruk, GeorgePeters, Vladayoung, paseven, Alhontess, MagicPics, Yevhenii Dorofieiev, Arkadivna, Nastasic, Vladayoung, Panuwach

Shutterstock :

Christos Georghiou, Nadya Dobrynina, Croisy, chempina, BigMouse, mart, Tartila, Vasya Kobelev, Egor Shilov, Soul of Phoenix, paranoido, tonia_tkach, Morphart Creation, rudall30

ALLIANCE MAGIQUE LE MAG

Nouveautés

RETROUVEZ TOUS NOS OUVRAGES DANS NOTRE MAGAZINE !

- Nos titres, nos nouveautés
- Des articles de fond
- Des recettes
- Des astuces
- Vos horoscopes
- Des interviews
- Nos événements
- Un index détaillé

DISPONIBLE EN LIBRAIRIE
3 MAGAZINES PAR AN

DISTRIBUTION SODIS/DIFFUSION GEODIF